マンガでよくわかる

ディズニーのすごい仕組み

どんなメンバーでも
即戦力に変わる

原作 大住力

作画 岡本圭一郎

かんき出版

登場人物紹介

秋山 徹《とおる》

「オペレーション改善部」部長。ディズニーランド出身で、さやかとともに「ディズニーメソッド」による社内改革に取り組む。一見恐そうだが、部下の考えを尊重してくれる。

伊東さやか

ファミリーレストラン「Forest's」の社員。入社以来店舗勤務だったが、新設される「オペレーション改善部」へ異動に。明るい性格だが、おっちょこちょいで落ち込みやすい。

森誠治

「Forest's」の2代目社長。創業者森総一郎の息子。経営者としてウォルト・ディズニーを尊敬している。

武田大輔

「Forest's」西部駅西口店店長。さやかの同期でもある。ディズニー流の仕組み導入に「現場をわかっていない」と反発する。

はじめに

本書は、2014年7月に出版した『ディズニーの最強マニュアル』を、よりわかりやすく、より身近に感じていただくために、マンガで解説したものです。

マンガの舞台はファミリーレストラン。副店長をしていた主人公の伊東さやかが、ある日突然異動を言い渡されます。異動先は新設部署の「オペレーション改善部」。そこで、会社から「価格競争からの脱却」「サービス品質の平準化と効率化」「接客の向上」という3つのミッションを与えられ、ディズニーランド出身の上司、秋山徹とともに、ディズニー流の仕組みやマニュアルを導入して、店舗の改善に取り組んでいくうちに、職場に予想外のすばらしい変化が起こるというストーリーです。

「仕組みやマニュアルで効率を上げる」と聞くと、紋切型のサービスや、効率重視で無味乾燥な職場、という印象を受けるかもしれません。しかし、それは大きな誤解です。実際、ディズニーランドのキャストは、この仕組みに沿って働くことで、ゲストに最高のサービスを提供するとともに、自ら考え、動き、いきいきと働いています。

本書を読み進めていただければわかりますが、ディズニー流の仕組みやマニュアルをあなたの職場に取り入れると、こんな変化が訪れます。

- **作業が効率化され、チーム全体の生産性が上がる。**
- **新人や、あまり優秀でないスタッフの能力も上がり、戦力に変えることができる。**
- **チームや部署、会社全体のコミュニケーションが活発になり、組織が活性化する。**
- **スタッフ全員が、「自分の仕事の意味」「会社が存在する意味」を理解し、いきいき働くようになる。**

そして、このディズニーの仕組みは、接客業やサービス業だけでなく、ふだんお客様と接点のない間接部門やオフィスワークが中心の会社など、**どんな職場にも導入することができるのです。**さらに、この仕組みは、会社単位など大きな組織はもちろん、部や課、チーム、店舗など、小さな組織でも役立てることができます。

マンガの舞台は、ファミリーレストランですが、各章の解説部分では、あなたの職場にディズニーの仕組みを取り入れるための方法をお伝えしていきます。

私は、1990年から約20年間、東京ディズニーランドを運営するオリエンタルランドで、現場から経営の中枢まで、さまざまな部署で仕事をしてきました。そのなかで、アメリカのディズニー本社も含め、いろいろな場面で、ディズニーの仕組みやマニュアルのすばらしさを実感しました。

そのすばらしい仕組みを、ほかの企業にも伝えたいという想いから、2009年に独立し、これまで150社を超える企業に、講師やコンサルタントとして、ディズニー流の研修を提供したり、仕組みを導入するお手伝いをさせていただいています。

本書では、そんな経験をもとに、ディズニーランドの生みの親、ウォルト・ディズニーの構築した仕組みを紹介するだけでなく、その作り方や定着のさせ方についてもマンガを交えながら解説していきます。

もちろん、本書で紹介するノウハウは、すべて取り入れないと効果が出ない、というものではありません。**一部をご自身の職場の特性に合わせてアレンジし、取り入れるだけでも効果を実感していただけるはずです。**

本書があなたのチームや組織をよりよくするお手伝いができれば幸いです。

2015年5月　大住 力

マンガでよくわかる

ディズニーのすごい仕組み どんなメンバーでも即戦力に変わる

もくじ

Chapter 5 理念を浸透させ最高のスタッフを生み出すディズニーの仕組み

ブックデザイン 小口翔平＋喜來詩織（tobufune）
DTP 野中賢（株式会社システムタンク）

閉
緊急停止
ボタン
私の名前は
伊東さやか

中堅の
ファミリーレストラン
『Ｆｏｒｅｓｔ'ｓ』
の店舗で働く副店長で
Forest's
Drink & Restaurant
いらっしゃいませー
いつもどおり
働いていた私は
突然本社に呼ばれた
もしかして昇進!?
ーと
期待しながら
約束の１時間前に
本社に到着ー
遅かったね
伊東くん
約束は
９時だよ
まあ
入りたまえ
ギョッ
ーと
思ったら
時間を間違えて
１時間遅刻した
私に
え!?

突然その言葉が告げられた
じつは
君に3つのミッションをお願いしたいんだ
え？
3つのミッション!?

なんですか？それ
うむ
わが社『Forest's』も私の父森総一郎が東京のはずれにオープンしてから
今年で節目の50年だ！
はいもちろん知ってます！
長い年月をかけて店舗数を伸ばし現在東京近郊に50店舗を出店するまでに成長した

すばらしい発展だと思います！
私のように先代のオムライスのファンが増えた証拠です！
私も先代社長の考案されたオムライスに感動して入社しましたが
！
しかし
今わが社はセントラルキッチンで効率的に調理を行う大手ファミレスチェーンの大幅台頭のために
売上・利益ともに下降し続けている
3F
和食レストラン
デムニーズ
寿司蔵
バーガー
レスト

そこでこれまで副店長として
現場で蓄えた知識と経験が豊富な伊東くんに
『価格競争からの脱却』
『サービス品質の平準化と効率化』
『接客の向上』
この3つのミッションを実現してほしい！
……
心配するな
いや心配しますよ！

何も一人でこのミッションを負えと言ってるわけじゃない
この3つのミッションを達成するために既存のマニュアルの改善を目的とした
『オペレーション改善部』を立ち上げた
オペレーション改善部？
そう
そしてオペレーション改善部の責任者になるこの秋山《あきやま》徹《とおる》が
責任を持ってミッションを達成するのを君に手伝ってほしい

え？
彼が今日から君の上司だ
秋山君はディズニーランド出身ディズニーの仕組みを使って
これまで多くの企業の問題を解決してきた男だ
彼と協力してぜひわが社の危機を救ってほしい！
ディズニーって…
で…
できるわけないじゃないですか
だってうちは資金ナシ人材ナシ時間もナシでアイデアもナシ！
しかも今よりさらにマニュアル強化なんてしたら人間味あふれる接客力まできっと『ナシ』になります！
それにー
心配するな
きっとできる
なぜならオレたちには

ディズニーの最強マニュアルがある！

ディズニーの
最強マニュアル!?
私についてきたまえ伊東ちゃん
大丈夫だ
地下
町周辺
我々はきっと
このミッションをクリアできる

Chapter

1

ディズニーのマニュアルでチーム力を上げる

50店舗をひとつずつ回っていく!?
ああ
もちろん店舗ごとに問題も異なるだろうが
本質は同じだ
最初の店舗で伊東ちゃんがオペレーションの改善に成功すれば
残りの店舗でも必ず改善できる
Forest's
Drink & Restaurant
季節のオムライス

なるほどね
そのオペレーション改善の栄えある第一店舗目に選ばれたのが
オレが店長をしてるこの西部駅西口店ってわけか
Forest's西部駅西口店
店長
武田 大輔
うん同期のよしみってことで
なるほど!
─ってうそつけ
このすぐ先に超大手のファミレスができてからここの売上は激減
立て直しを狙う本社が真っ先にメスを入れたいと思うのは当然だ
Johnny's☆Restaurant
当ビル1F↓

うん ホントは そういう わけ…
ごめん…
お察しが いい!
確かに オレとしても 巻き返しは したいが
まあ そんな大役 あんたら 2人じゃ 無理だろうな
無理 って…
そんな やる前 から
本社の命令 だから従うが
オレに 相談せずに 勝手なことは するなよ
あーあ 出ばな くじかれた 気分
心配 ない
まずは 視察だ
既存の マニュアルと 比較しながら 徹底的に 店内を視察 するんだ
各スタッフが 社内マニュアルを どう捉えて いるのかを確認 するんだ

わかりました
接客対応につ
いて～その
ブラ
ブラ
店舗マニュアル
ウロ
ウロ…
し――ん

〜…あ
いらっしゃいませー
喫煙席と禁煙席がございますが―
あ
禁煙で
かしこまりましたではこちらへどうぞ
あー腹いっぱい
オムライス最高だったね
すいませーん会計お願いしまーす
誰もこないな
もっと大きな声で呼んだら？

もしもーし
……
はい ただいま うかがいます！
ホッ
トイレ掃除 男性用編
トイレ掃除 女性用編

掃除当番表
……
コッ
コッ
コッ
フキ
フキ
!
げげ……

ゴーーーン!!
現場のマニュアルが
ぜっんぜん守られてないです!
マニュアル
そんなことねーって
ちゃんと見たのか?メガネの度は合ってんのか?
バッ
ちゃんと細かくきっちり見ました!
床にしばらく食べ物の一部が落ちてるし会計待ちのお客さんを5分もお待たせしちゃうしトイレも汚れてるしあれだしこれだしこれだってあれだって
ダーー!!
ちょっと待てちょっと待て
床なら気づいたら掃除してるし
トイレだってマニュアルどおり1時間置きに掃除してるぜ壁にチェック用紙あったろ?

スタッフだって会計待ちのお客様と店内への案内待ちのお客様じゃ
いらっしゃいませーこちらにどうぞ
どちらを優先させるかその場の判断で決めるしかないだろ
あー腹いっぱい会計しよう
結局どっちかに待ってもらうしかねーじゃん
う・・・
伊東はオペレーション改善部に入るまでは店舗の副店長だったよな？
聞くけど今指摘した部分は伊東の店舗では完璧だったんだよな？
え？
そういえば

副店！トイレ掃除ってササっとでいいッスか？
いいわ昼のピーク時は接客に回ってちょうだい！
店舗マニュアルを意識したこと
あんましなかったかも…
マニュアルを守るのも大事
でも一番大事なのはお客様
オレは
『人間味あふれる接客』を目指してるんだ
それはすばらしい

秋山さん
人間味あふれる接客！
それこそまさに接客中の接客！
しかしトイレを定期的に掃除してもなんとなく汚れたまま
なんとなく手持無沙汰なスタッフが店内を徘徊している現状
これらはサービスの基準をアルバイト個々に任せてしまっているから
そんなサービスでお客様を満足させることができるでしょうか

本当の『人間味あふれる接客』のために
マニュアルを機能させることから始めましょう
マニュアルを機能させる!?
マニュアルを機能させるためには店舗を1つのチームと考え
チームの機能を向上させることがスタートです
Forest's
Drink & Restaurant
チームの機能を向上させる・・・?
……
しかしこの店舗にはチームの機能を低下させる
3種類のスタッフがいます
それが

何をすべきかわからないスタッフ
『ストレンジャー』
忙しさにかまけてルールやマニュアルを無視してしまうスタッフ
『ディスリガード』
仕事の本質を理解しておらず客の来店に気づかなかったりついつい接客が雑になってしまうスタッフ
チリンチリーン
♪～
『マインドレス』

まず我々はこの3点を店舗からなくすことで
チームの機能の向上をはかりたい！
……ありがとうございます
―と言いたいところですが
現場をわかってない人のアドバイスっスね
でもそこまで言うなら改善してもらいましょう
あなたの言う『機能するマニュアル』ってヤツで
ズーン
あ 武田くん
心配いらない ああ見えてきっと我々に感謝してるはずだ
感謝!?

売上が下降し続ければ一番立場が危ういのは自分
なんとかしなければと焦っていたところに我々の助け舟だ
期待に応えるぞ伊東ちゃん
まずはディズニー流マニュアルを導入することで
チームの機能を低下させる３種類のスタッフをなくすんだ
はい！
でも
……伊東ちゃんって呼ぶのやめてもらえます？
だめだ我々の団結に愛称は欠かせない！
そうですか……
Forest's
Drink & Re

Chapter 1-1

ディズニーのマニュアルはチームの機能を上げるために作られた

★ 一般的なマニュアルとディズニーのマニュアルの違いとは？

世の中にはさまざまな企業がありますが、どこの会社にもマニュアルや仕組み、ルールといったものがあるはずです。では、一般的な企業にあるマニュアルや仕組み、ルールと、ディズニーのそれは、何が違うのでしょうか。

両者の最大の違いは、マニュアルが個人向けに作られているかどうかにあります。一般的なマニュアルは、個人の力を引き上げるために作られています。一方、ディズニーのマニュアルは、**チーム全体の機能を押し上げるために作られているのです。**

もともと、ウォルト・ディズニーはアニメ映画の制作をとおして、チームで仕事をするという体験を深めていった人物です。事実、彼がディズニーランドをオープンさせたのは晩年に差しかかった50代半ばを過ぎてのこと。それまでの間にウォルトはスタジオのスタッフによるストライキなど、経営者として苦しい経験を何度となく乗り越えています。

そうした経験を踏まえ、ウォルトは組織が乱れるとき、チームが機能しない場合の原因は3つあると定義していました。

逆に、この3つの原因さえ取り除いてしまえば、チームは適切に機能し、たとえそのなかに能力の低い個人が含まれていたとしても、チーム全体で平均以上の結果を出し続けられるということに気がついたのです。

その3つの原因が、**「ストレンジャー」「ディスリガード」「マインドレス」**です。

何をすべきか わからない スタッフ
『ストレンジャー』
忙しさに かまけて ルールや マニュアルを 無視してしまう スタッフ
『ディスリガード』
仕事の本質を 理解しておらず 客の来店に 気づかなかったり ついつい接客が 雑になってしまう スタッフ
チリン チリーン
『マインドレス』

★ チームの機能が低下する3つの原因

1つめの「ストレンジャー」とは、自分が担う役割がわかっていない人です。

ストレンジャーはやるべきことを理解していないので、仕事ができず、それ故にやる気や自信を持てません。そのうえ、周囲に悪影響を及ぼします。

ウォルトは、**彼らは働く気や協力する気がないのではなく、やるべきことがわからないだけだ**、と考え、担うべき作業とその手順を事細かなマニュアルにすることで、ストレンジャーを救い、戦力に変えていったのです。

2つめの「ディスリガード」とは、「軽視する」という意味合いの言葉。**定められたルールを軽視し、手を抜く人がいることで仕事の結果にほころびが生じる状態です。**たとえば、清掃の手順の一部を「面倒だから」「見た目に大差ないから」と個人の判断で省略してしまうと、丁寧に積み上げられてきたルールが変わってしまいます。

3つめの「マインドレス」は、「なぜ、このサービスを行うのか」「なぜ、この作業が必要なのか」という本質を理解せず、淡々と作業だけを行う状態。**慣れによる手抜き、思考停止とも言えるでしょう。**本人はやるべきことはやっていると考えていますが、割り切りはマンネリとなって、作業が中途半端になっていってしまいます。

こういった人材を切り捨てず、シンプルで明確なマニュアルを作り、戦力に変える。すると、個人の能力に左右されずに、チームで結果を出し続けることができる。

これが、ウォルト・ディズニーの定義するマニュアルの意味なのです。

Chapter 1-2

誰がやっても同じ結果になるディズニーのマニュアル

★パレードを手拍子で迎える演出に隠された意外な理由

ディズニーのキャストは特別な人ではなく、いわゆる普通の人たちです。ディズニーランドでは、そのような人たちが一人残らず求められた基準以上の働きをしています。それを可能にしているのが、仕組みとマニュアルの力です。そのことを理解していただくために、ひとつのキーワードをご紹介しましょう。

それは、「Greeting with clapping（グリーティング・ウィズ・クラッピング）」という言葉。直訳すると「手拍子で迎えましょう！」という意味です。

ディズニーランドを訪れたことのある人は、きっと一度は耳にしたことがあるはず。では、この言葉、どんなときに使われているのでしょうか。

答えは、パレードの前。キャストたちは沿道に集まったゲストに向かって、「Greeting with clapping」を呼びかけます。すると、ゲストは「いよいよだ！」とワクワクし始め、キャストの手拍子に合わせて、誰もが手を叩き、パレードが近づくにつれてパーク内の雰囲気はぐっと高まっていきます。

と、ここまでを読んだあなたは、「ゲストを巻き込んで盛り上げる参加型、これぞまさにディズニー流のおもてなし！」そう思われたかもしれません。

ちょっと意地悪な言い方になりますが、それは半分正解でもう半分は不正解です。というのも、じつはこの行為、**ゲストの安全を守るために考え出されたもの。パレードの際には、必ず呼びかけを行うようマニュアルに記載されているのです。**

パレードが始まる前、ディズニーランドでは安全対策として、立ち止まって見学できるエリアと、そうではないエリアを事前に分け、沿道の最前列にはロープを張り、キャストはゲストに協力してもらいながら準備を進めていきます。

ところが、ディズニーランドのオープン当初、小さな子どもが最前列のロープにぶら下がり、怪我をしてしまうトラブルが多発したのです。さらに、後方にいたゲストが一団となって前に詰め寄り、人波が揺れ、最前列にいた人が倒されてしまうこともありました。これではゲストの安全が保てません。

どうすればこうしたトラブルを未然に防ぐことができるのか。ここで、「ロープにぶら下がらないでください！」「押さないでください！」と呼びかけるのは簡単です。

しかし、いくら注意しても必ず破る人が出ます。そういう人が一人いると、それがほかの人にも広がり、トラブルが起こります。

また、この方法だと、**キャストによって声の大きさや質が違いますから、呼びかける人によって結果が違ってしまいます。**さらに、従わない人を注意するために余計なスタッフを配置する必要もありますから効率も悪い。

そもそも、夢と魔法の王国であるディズニーランドでこうした言葉を聞かされたら、あなたはどう感じるでしょうか。ゲストは一瞬にして現実に戻ってしまいます。

そこで、「ウォルト・ディズニーならこう考えたはずだ」とディズニーランドの現場が考えたのは「ゲストの手を使えなくしてしまえばいい」ということでした。

★誰がやっても同じ結果が出ることが大切

パレード混雑時に起きるトラブルを突き詰めていくと、原因は手にありました。ロープにぶら下がってしまう。一列前の人の背中を押してしまう。人混みをかき分けてしまう。前のめりになって前の人の肩を引っ張ってしまう。だったら、ゲストの手を使えなくしてしまえばいいのではないか。そういう発想から生まれたのが、

「Greeting with clapping」でした。

「みなさーん、ディズニーランドのパレードがこれからやってきます。それでは手拍子で迎えたいと思います」。そう呼びかけられて、嫌な気持ちになるゲストはいませんし、たとえ声が聞こえなくても、まわりの人が手拍子を始めれば、ほとんどの人がそれに合わせて手を叩き始めます。

キャストが主導して手拍子をし、ゲストも合わせて手を叩く。すると、手で人を押しのけて前に出ることができなくなりますし、周囲の人と適度な距離が保たれるようになります。

一生懸命声を出しているキャストは、ゲストを盛り上げているようにしか見えません。キャスト本人もそのつもりです。しかし、本当の狙いは事故防止にあるのです。

この方法であれば、仕事に慣れていない新人のキャストでも、多少声が小さいキャストでも、本来の目的を知っていてもいなくても、少人数のスタッフでゲストを安全に誘導することができます。

「Greeting with clapping」は、誰がやっても同じ効果を得られる、というディズニーのマニュアルに対する発想を、ぎゅっと凝縮したキーワードなのです。

Chapter 1-3

伝わらないマニュアルの共通点とは？

★ マニュアルが伝わらない原因は2つ

ここまで、ディズニーのマニュアルに対する考え方について解説してきました。しかし、それがわかっただけでは、チームの「機能」を上げることはできません。そう、その原因を取り除くための、マニュアルの改善が必要です。これに関しては、Chapter2でご紹介しますが、その前に、チームの機能を低下させてしまう「伝わらないマニュアル」の共通点について解説します。

「伝わらないマニュアル」の共通点は大きく2つしかありません。ひとつは、「**何を、いつやるのかが明確でない**」。もうひとつは、「**手順、仕上がりのレベルがあいまい**」ということです。マンガに出てきたファミレスのマニュアルも、この2つの原因が含まれているのではないでしょうか。

それでは、ひとつずつ解説していきましょう。

★「何を」「いつ」やるかが明確でない

もし、あなたが小学生のとき、夏休みの宿題をいつまでもやらずに、ギリギリで仕上げるタイプだったとしたら、それは先生の指示に問題があったかもしれません。

私もそのくちでしたが、夏休みは楽しいことが多すぎて、いつどこから宿題に手をつけていいのかわかりませんでした。大人になってディズニーランドで働くようになり、そのマニュアルを見たとき、これが小学生時代にあればギリギリに追い込まれずにできたのに、と思ったものです。

なぜなら、そこには明確に**「これ」と「これ」を「いつ」やりなさいと書かれていたからです。**宿題の話は私の言い訳ですが、「始業式までにやっておきなさい」だけでは動けない人間も、順番と行うタイミングまでがルール化されていれば、取り組めるようになります。

これは、ビジネスの現場でも同じです。

かりに、あなたが経理部門の担当者で、毎月社員の経費精算が遅れ、ほかの仕事に影響が出ているとします。「翌月の5日までに前月の精算をすませなければいけない」

というルールはあるのですが、何度言っても守らない人がいる。

こういうことが起こるのは、**期日だけが示されていて「いつ」やるか、ということが決められていないからです。**

たとえば、「毎月4日の17時～18時の間に精算する」「もし、該当日時に外せない予定が入っている人は、上司に報告のうえ、3日の17時～18時の間に行う」と決める。こうすれば「明日やればいいか」と先延ばししているうちに期限が過ぎてしまった、ということはなくなります。

さらに、作業を行う日時があらかじめ決まっていて、全社員が同じ時刻に作業することになるので「忙しいから」「時間がないから」という言い訳もしづらくなります。これが社内の「常識」として機能するようになれば、遅れる人は激減するはずです。

★「手順」「仕上がりのレベル」があいまい

もうひとつ例を挙げましょう。

マンガにも登場しましたが、現実の世界でもよく、飲食店の洗面所に「清掃のチェック表」がかかっているのを目にします。しかし、表にチェックはついていて1

時間ごとに清掃されているはずなのに、なぜか汚れている。こんな経験をした人もいるのではないでしょうか。

なぜ、こういうことが起こるのか？　これもマニュアルに問題があります。

先ほどの経費精算のケースと違い、この場合は「1時間ごとに清掃を行う」ということが決められていますし、チェック表にチェックもついているので、清掃は行われているはずです。こういった問題を抱える飲食店は、次のようなマニュアルになっているかもしれません。

【洗面所の清掃（悪い例）】

1. 洗面所のまわりにあるゴミをゴミ箱に入れる
2. シンク全体を拭き上げる
3. 鏡を拭き上げる
4. ペーパーナプキンを補充する

このマニュアルのどこに問題があるのか。それは「手順」「仕上がりのレベル」が明確ではないということです。

「洗面所をきれいに」と言っても、思い浮かべる「きれいさ」は個人個人異なります。目立つ汚れを取り除けば問題なしと思っている人もいれば、シンクに水滴ひとつ残さないのがきれいだと考える人もいます。

店長は、すべてをピカピカにしてほしいと考えているのに、蛇口の金属部分に水垢が残っていても、「拭いたところで営業中はまたつくからいいだろう」と見過ごす人もいれば、鏡に映った自分の姿が確認できれば十分にきれいだと考えて、拭かない人もいるかもしれません。さらに、どのように作業を進めるかも明記されていません。つまり、「きれいにしましょう」「掃除をしましょう」では、何をすべきかが伝わらず、あなたの望んでいる成果はまず出ないと見ていいでしょう。

では、どうすればいいのか。このような問題を解決するには、**「理想の仕上がり」から逆算して、必要な作業を洗い出してそれを分解し、手順を組み立てていくのです。**そうすれば、誰がやっても同じレベルの仕上がりになります。

たとえば、シンクまわりをすべてピカピカにしたいのであれば、次のような手順のマニュアルを作成すべきです。

このマニュアルは、従業員に対する要求が明確で、記された手順どおりに取り組めば、誰がやっても必ず店長が求めている結果にたどり着きます。

【洗面所の清掃（いい例）】

1. シンクのまわりに落ちているゴミをゴミ箱に入れる
2. 洗剤とスポンジを使い、シンクの内側の汚れをすべて取り除く
3. 水滴が垂れないよう固く絞った布巾の50％を使い、シンクの内側を端から端まで拭き上げる
4. 固く絞った布巾の残り50％を使って、シンクの外側を端から端まで拭き上げる
5. 乾いた布巾の50％を使い、シンク全体に残った水滴をすべて拭き取る
6. 乾いた布巾の残り50％を使い、鏡と蛇口についた水垢、水滴をすべて拭き取る
7. ペーパーナプキンが3分の1以下に減っていたら、残っていても補充する

Chapter 1 まとめ

- マニュアルは、個人の能力を引き上げるものではなく、チーム全体の機能を上げるものである。

- チームの機能が低下する原因には、「ストレンジャー」「ディスリガード」「マインドレス」の３つがある。

- ディズニーのマニュアルは「誰がやっても同じ結果が出る」よう工夫されている。

- マニュアルが伝わらない原因❶
「何を」「いつ」やるかが明確でない。

- マニュアルが伝わらない原因❷
「手順」「仕上がりのレベル」があいまい。

- 伝わるマニュアルを作るには、「いつ」やるかを明確にし、「理想の仕上がり」から逆算して、作業を分解し、手順を組み立てていく。

Chapter

2

ディズニー流の仕組みを自分の職場に取り入れる

ファミリーレストラン フォレスト
現在 東京近郊に 50店舗を構える 中堅の ファミレスチェーン
1965年 当時30歳の 森総一郎が 東京のはずれに オープンした 洋食屋 『キッチンフォレスト』 からスタート
Forest's
Drink & Restaurant
店舗で調理する 手作りにこだわった 看板メニュー 『フォレストオムライス』を 中心としたメニューを 提供し
永年の固定ファンを 多く獲得していた

セントラルキッチンで効率的に調理した料理を安く提供する
大手ファミレスチェーンに押されるまでは…
Johnny's
焼肉
MATUNOKIYA
つう
つう
まずは『ストレンジャー』をなくそう
ってなんでしたっけ?
いちばん基本的なん
自分のやるべき行動がわかっていない人のことだ
stranger
(わからない人)

取り組むべきことがわからないので仕事ができない
だからやる気も出せず自分の働きに自信を持つこともない
それどころか周囲に悪影響すら及ぼす
今日暇ッスね
昨日の『お笑いカーペット』観ました？
え・・・？ああ観たよ
オレ笑いころげて筋肉痛だぜ
しかし
彼らは働く気や協力する気がないのではなく
今その時にやるべきことがわからないだけなんだ
こうした大事な人材を救うために
ディズニーではまずマニュアルの徹底を図るんだ
！

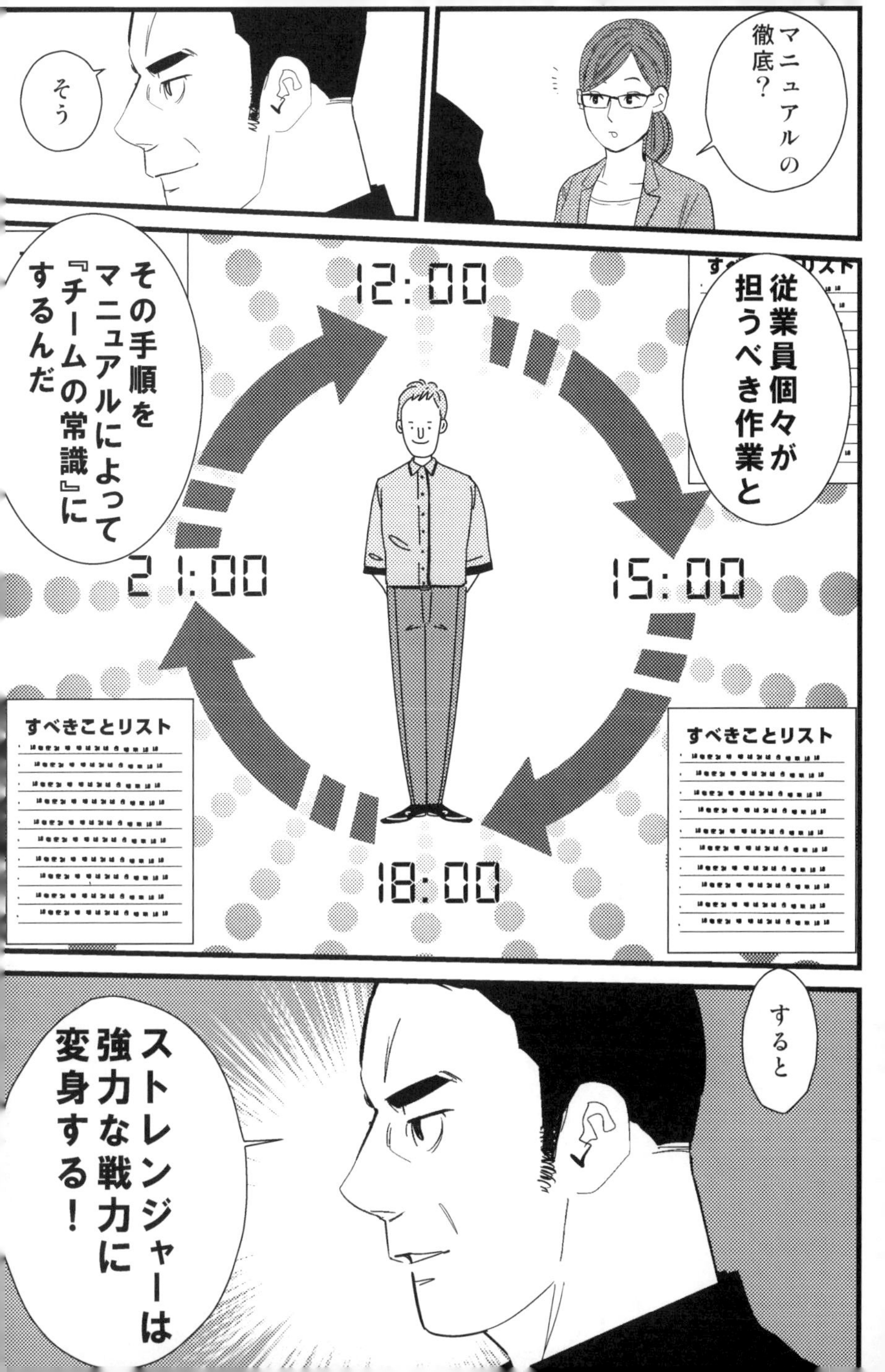
マニュアルの徹底？
そう
従業員個々が担うべき作業と
その手順をマニュアルによって『チームの常識』にするんだ
12:00
15:00
18:00
21:00
すべきことリスト
すべきことリスト
するとストレンジャーは
強力な戦力に変身する！

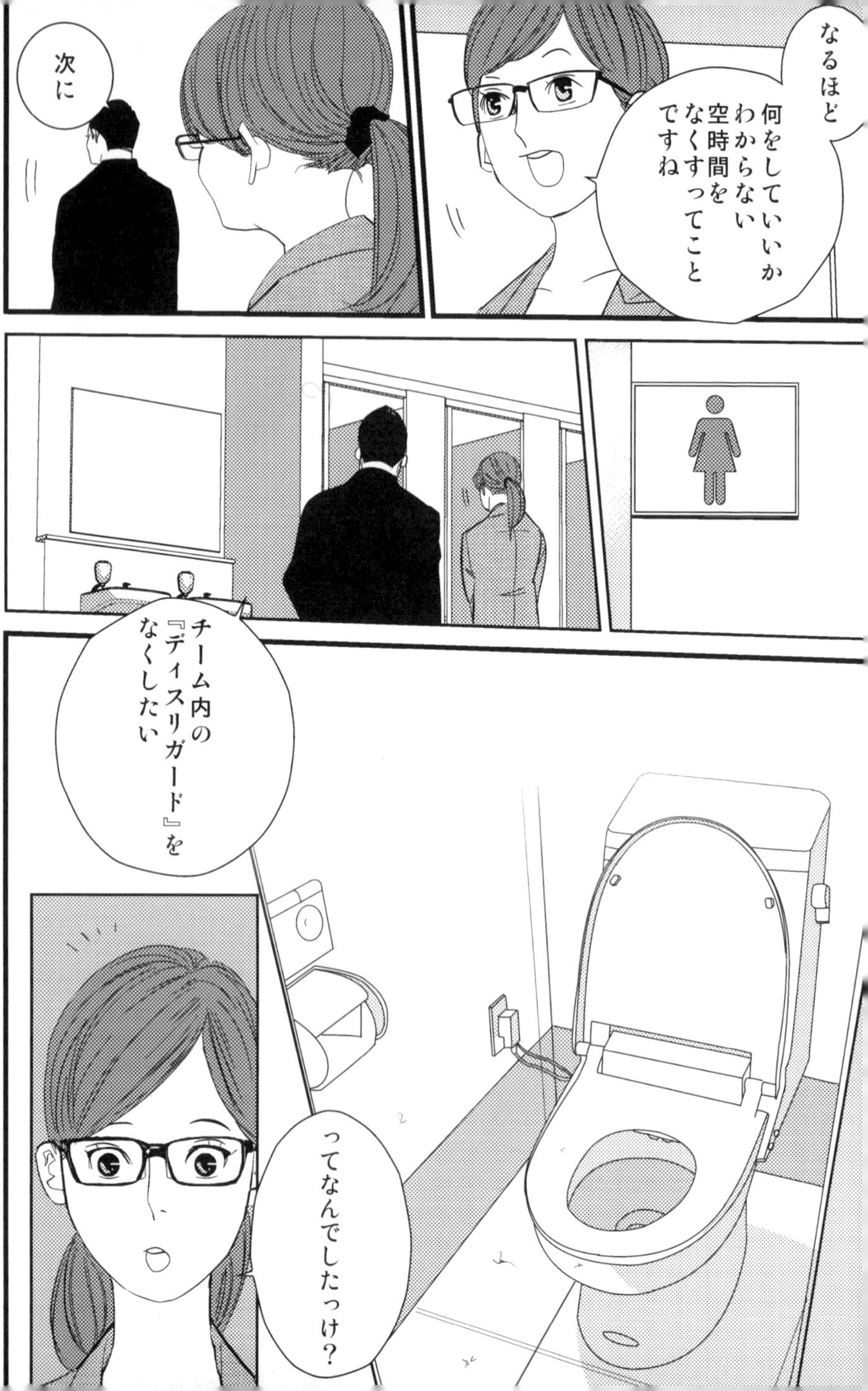
なるほど
何をしていいかわからない空時間をなくすってことですね
次に
チーム内の『ディスリガード』をなくしたい
ってなんでしたっけ？

ようするにルールを『軽視する人』のことだ
disregard
（軽視する）
掃除確認表を見ると1時間ごとに掃除してあってすばらしい！
…なのに
なぜかトイレがそれほどキレイじゃない
なぜだと思う？
え・・・
細かく掃除する人と
ただ掃除する人がいるから？
そのとおり
現状のマニュアルでは掃除のポイントが押さえられていないので
『キレイの判断』が個々で変わってしまっている

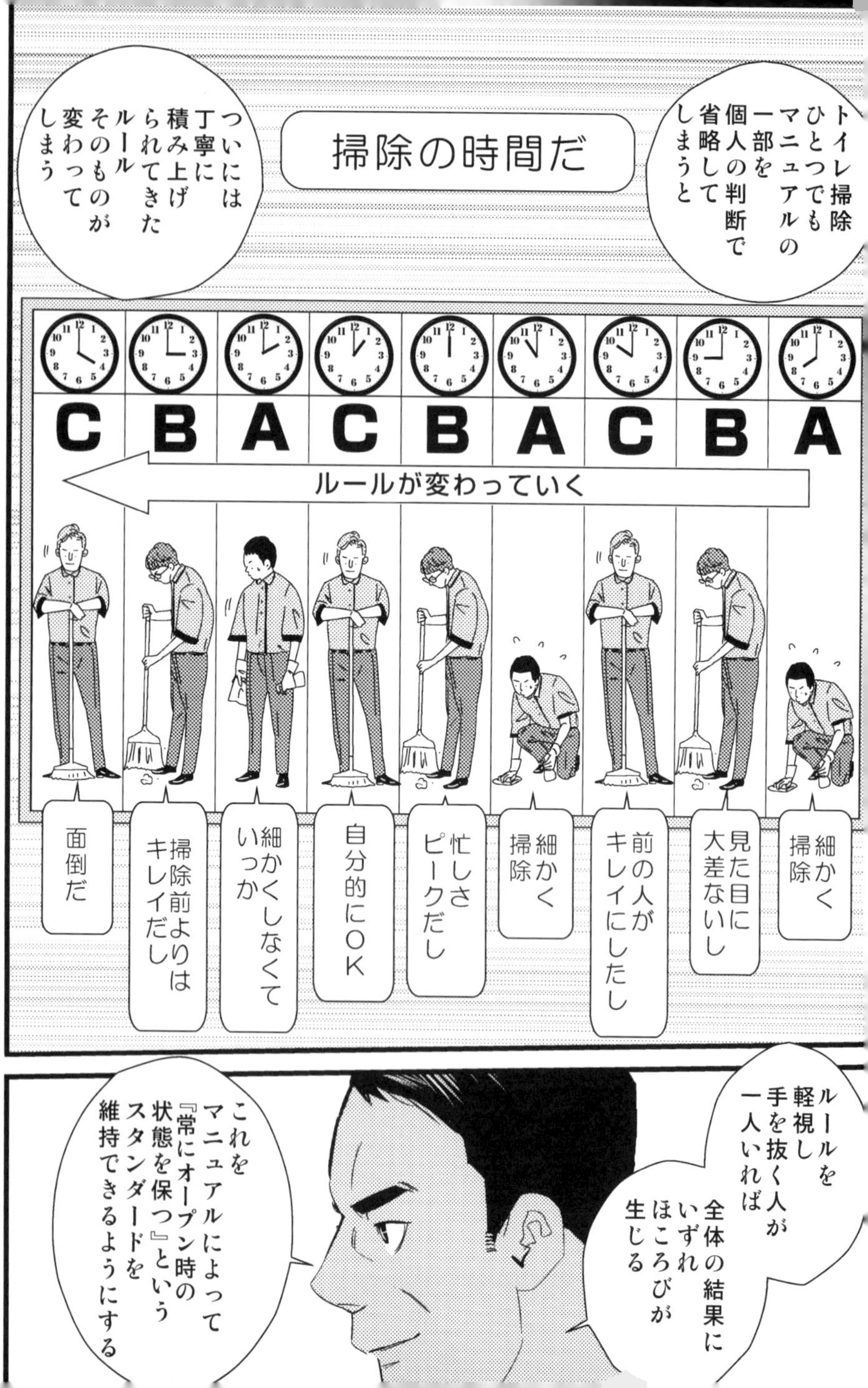
トイレ掃除ひとつでもマニュアルの一部を個人の判断で省略してしまうと
掃除の時間だ
ついには丁寧に積み上げられてきたルールそのものが変わってしまう
C B A C B A C B A
ルールが変わっていく
細かく掃除
見た目に大差ないし
前の人がキレイにしたし
細かく掃除
忙しさピークだし
自分的にOK
細かくしなくていっか
掃除前よりはキレイだし
面倒だ
ルールを軽視し手を抜く人が一人いれば
全体の結果にいずれほころびが生じる
これをマニュアルによって『常にオープン時の状態を保つ』というスタンダードを維持できるようにする

トイレ見ただけでなんでもわかるんですね
…褒めたんです
そして3つめは『マインドレス』
mindless
(本質がわからない)
…
これはなぜこのサービスを行うのか?
なぜこの作業が必要なのか?
仕事の本質がわからず淡々と作業だけを行う状態を言う
♫～
慣れによる手抜きは思考停止状態を招きミスを連発
そして反省するがまた慣れるこのサイクルを踏むことをいう

マインドレスによる悪循環
本人は手順どおりに進めていると考えているが
割り切りはマンネリとなり
初心
反省
仕事の慣れ
同じことの繰り返し
手抜き
思考停止状態
ミスを連発
この作業の意味って何かしら・・・？

結果的にすべての作業が中途半端になってしまう

『やるべきことがわからないストレンジャー』
空き時間暇
『ルールを軽視するディスリガード』
こんなでもいいっんか
『仕事の本質がわからないマインドレス』
これになんの意味が？
こういった人材を切り捨てるのではなく
シンプルで明確なマニュアルを作り戦力に変える
そうすれば一人ひとりの能力に左右されずにチーム全体で結果を出せる
これがウォルト・ディズニーの定義するマニュアルだ
おお

確かに2人の言うとおりだ
でしょ！だから
ーが
それってできてない従業員だけに絞って改善させればいいんじゃねーの？
マニュアルを変えてホントに改善すんの？
仕事は一生懸命だけど
掃除だけ手を抜く
空き時間に弱い
業務の意味だけわからない
う…確かに…
ディズニーでは特定のスタッフだけに再研修を行い意識を変えようとはしません

優先順位がはっきりしたマニュアルを用意することで
チーム全体の機能を引き上げ結果に繋げることができる
これこそがディズニーの最強マニュアルの目的です
話はわかる
ーがそのマニュアルのせいで面倒が増えたり
紋切型の接客になるんじゃ仕事も余計つまらなくなるんじゃねーの？
大丈夫
マニュアルを作りルール化すれば物事は簡単になります
従業員が納得するように説明するのもオレの仕事だ
マニュアルは接客やサービスを画一化するものではなく作業に関する個人差をなくし
よりホスピタリティに力を振り向けるためにあります
……確かに

どんな職場にもある
事務作業や
報告・連絡・相談
ミーティングの準備
経費の精算などの
ルーチンワーク
ほう れん そう!
これらを
マニュアルで
効率化すれば
仕事の質も
必ず上がります
本当に
いいん
だな
その
最強マニュアル
ってヤツに
任せるぞ
オレに約束
したこと
絶対に
忘れんなよ
うん!

伊東ちゃんは『2・6・2の法則』を知ってるか？
はい
確か人が集まると構成されるという割合のことですよね
仕事ができる人
2割
普通の人
6割
できない人
2割
ディズニーランドではマニュアルという簡潔なルールで
キャスト全員が**必要最低限の仕事**をこなせるようにマネジメントしてる
つまりディズニーはマニュアルによってこの法則を打ち破ったんだ
マニュアルの共有
スタッフ全員がマニュアルを共有することで
最後の2割をも戦力に変えてしまう戦略的なマネジメントなのだ
10割戦力！！

まずはこの店舗の平均値を押し上げよう
Forest's Drink & Restaurant
季節のオムライス
ディズニー流マニュアルを導入できない現場はない
はい！
大手ファミレスチェーンに
ディズニーの最強マニュアルで対抗だ
和食レストラン
焼肉
デムニーズ
Johnny's
MATUNOKIYA

Chapter 2-1

ディズニーの仕組みはどんな業種、どんな会社でも助けになる

★ディズニー流のマニュアルを導入できない企業はない

「うちはサービス業じゃないからマニュアルは作れない」「営業職が中心だからマニュアルでしばるのもね」「うちは関係ない業態だからさ」……。

世の中ではマニュアルと言うと「型どおりの仕事」といったマイナスイメージを持たれがちです。しかし、そこには「マニュアルを作ってルール化すると、面倒が増える」「従業員の自由な発想が奪われる」という大きな誤解があります。

実際には、「マニュアルを作ると、物事は簡単になる」のです。

なぜなら、ディズニーのマニュアルは、本来の仕事（営業職なら営業活動）を制限するものではなく、**作業（営業職なら日報作成や経費精算）に関する個人差をなくし、より、本来の仕事に力を振り向けるためにあるからです。**

どんな職場でも、事務作業や報連相、会議の準備などの「作業」が発生するはずで

す。マニュアルはこれらを効率化し、仕事の質を上げていくことができるのです。

たとえば、「トラブルが起きたらどの時点で誰に相談するか」「顧客への御礼のメールや電話はどのタイミングでするのか」など……。ひらたく言えば、「僕らの常識を作ろうや！」ということです。

マニュアルを作ってルール化すると、作業を行ううえで迷うことが減り、生産性や効率が上がっていきます。何人かがチームを組んで仕事をするなら、どんな業種、どんな会社でもマニュアルはチーム力アップの助けとなってくれるのです。

★マニュアルは10割の人材を戦力にする

では、マニュアルによってチームが「常識」を共有すると、現場には何が起きるのでしょうか。よく言われる組織論の「2・6・2の法則」を打ち破ることができます。

「2・6・2の法則」とは、チームの上位2割に生産性が高く積極性のある優秀なグループがいて組織を引っ張り、中位の6割は上位とも下位とも言えない平均的な集団となり、下位の2割に実績、生産性ともに低く積極的に行動しない人材がぶら下がるという考え方です。しかも、上位2割だけを集めて組織を作ると、再び、そのなかで

2対6対2に人材が分布してしまいます。

じつは、ウォルト・ディズニーも同じ問題に直面しています。そこで、彼が考えたのが、**マニュアルの活用によってぶら下がっている2割をマネジメントし、全従業員つまり、10割の人を戦力化することでした。**

どんな人でも、必要最低限の「作業」に関しては、問題なくクリアできる環境を整えること。

特定の個人の力に頼るのではなく、メンバー全体の平均値を押し上げること。

この2つの仕掛けによって、チームの機能を劇的に高めていったのです。

ディズニーランドではマニュアルという簡潔なルールで
キャスト全員が**必要最低限の仕事**をこなせるようにマネジメントしてる
つまりディズニーはマニュアルによってこの法則を打ち破ったんだ

マニュアルの共有
スタッフ全員がマニュアルを共有することで
10割戦力！！
最後の2割をも戦力に変えてしまう戦略的なマネジメントなのだ

Chapter 2-2

初心者をフォローし、即戦力にするための仕組み

★「何をすればいいかわからない」をなくす

では、ディズニーの現場では、どのようなマニュアルが使われているのでしょうか。

まず、わかりやすい例として、「ストレンジャー」をなくし、新人を戦力に変えるためのマニュアルを紹介しましょう。

ディズニーランドで清掃やゲストの案内を担当するカストーディアル。ここに配属された人は、入って3日目には一人でデビューすることになっています。

この一見、乱暴な人材の登用を可能にしているのが、「内線」の存在。

ディズニーランドでは、キャストが困ったときの専用ダイヤルが用意されており、「何かわからないことが生じたときは、ゲストにお待ちいただき、必ずこの番号にかけなさい」というマニュアルが共有されています。だから、パークで働き始めて3日目のキャストでも、一人でオンステージへと送り出すことができるのです。

たとえば、新人カストーディアルがゲストから「東京行きのバスの最終便は何時ですか?」と聞かれたとします。これは経験豊富なキャストでなければ把握していない情報です。そこで、新人は「少々お待ちくださ い」とゲストに伝え、専用ダイヤルに連絡します。すると、専任のオペレーターがバスの時刻を調べ、教えてくれるのです。

ここで重要なのは、**キャストが思考停止に陥ってしまいそうな状況に対してもサポートの仕組みが用意されていることです。**しかも、手順は「待ってもらい」「内線をかける」という2つだけ。困ったときにどうすればいいか。わからないままに答えてはいけない。それがはっきりしているだけで、働く側には大きな安心感となります。

この仕組みの目的は、「**新人による場当たり的な対応を防ぐ**」「**思考停止になり、仕事が進まないというムダを防ぐ**」です。

よく、新人に対する教育の現場で「よく聞き一度で覚えろ」「メモを取り、わからないことがあったらそれを見返せ」という光景を目にしますが、これは間違い。こういった教育が「ストレンジャー」や「ディスリガード」を生み出すのです。

仕事を覚える速度には個人差があります。ですから、最初のうちは、「わからないことがあれば、覚えるまで何度でも聞いていい」「直属の上司や先輩でなくても遠慮なく質問できる」といったルールや環境を整えるだけで「新人が動いてくれない」という問題を解決でき、即戦力にすることができるのです。

★個人の能力に左右されずに同じ結果を出し続ける

次に、「嘔吐物処理」のマニュアルをご紹介しましょう。このマニュアルにも、「ストレンジャー」と「ディスリガード」をなくすための秘密が隠されています。

カストーディアルが、思わず慌ててしまう仕事の代表格が嘔吐物の処理です。ディズニーランドで目にしたことのある人は少数派かもしれませんが、じつは「ビッグサンダー・マウンテン」や「スペース・マウンテン」など、ライドアトラクションの周辺は嘔吐物トラブルの多発地帯となっています。それでも、私たちが、それを目にする機会がほとんどないのは、カストーディアルの迅速な対応によるもの。とはいえ、配属直後の新人にとって、この作業は慌てる仕事の代表格となっています。

しかし、夢と魔法の王国に酸っぱい臭いが漂っていたら、ショーが台無しですから、嘔吐物処理についても厳密かつ、簡潔なマニュアルが用意されています。

マニュアルに記されている処理の手順となるのは、次の6つです。

【嘔吐物処理のマニュアル】

1. （嘔吐物を発見したら）ペーパーナプキンを被せる
2. （凝固効果のある）薬剤をふりかける
3. 待つ
4. スイーピングして、ペーパーナプキンごとダストパン（ちりとり）に入れる
5. 嘔吐物のあった場所に（消臭消毒効果のある）薬剤をかける
6. ダストパンを持ってコンテナに廃棄に向かう

この6つの手順の狙いは「嘔吐物をゲストの目に触れさせない」ことです。だから、最初に「ペーパーナプキンを被せる」のです。そして、一度も屈み込むことなく、何事もなかったように作業を進めていく。だからゲストは気づかないのです。

ディズニーのマニュアルの特徴は、**その作業にとって何が最も重要か、何が目的なのかという優先順位を練りに練っている点にあります。**だから、現場のアルバイトキャストはその意味を知らなくても、優先順位を間違えることはありません。

★ディズニーランドのレストランを動かすマニュアル

最後にご紹介するのは、レストランのマニュアルです。

ゲストの来店が途絶えることのないパーク内のレストラン。なかでもテーブルサービスの店舗の特徴は、明確な役割分担が行われていることです。

ホールでゲストを応対するキャストの役割は、ゲストを店内に案内したり、待ち時間を伝える「ウェルカム」。ゲストを席まで案内し、メニューを渡す「ガイド」。注文をとり、それをキッチンに伝える「オーダー」。出来上がった食事を席まで運ぶ「ランナー」。食べ終わった食器を下げる「バスマン」。会計を担当する「キャッシャー」という6つものポジションに分かれています。

なぜ、ここまで作業を分解し、6つものポジションを作っているのでしょうか。

ここにもまた、ディズニーのマニュアルの根本である「何が最も重要で、何を優先すべきか」という考え方があります。

常に混雑しているパーク内のレストランにとって重要なのは、「ゲストに対してすみやかに食事を提供すること」です。

そのためには、まずミスインフォメーションをなくし、誰が何をしているのか、どのゲストがどの状態にあるのかを把握することが欠かせません。しかし、一人のキャストが複数の業務をこなしていると、どうしても注文の聞き取りミスや提供ミス、あるいはゲストを放ったらかしにしてしまう、といったトラブルが起きてしまいます。

だからこそ、作業を分解し、6つのポジションを作っているのです。そして、これは最終的にストレンジャーとディスリガードをなくすことにつながります。

さらに、このマニュアルにはもうひとつ重要な役割があります。

それは、**「マインドレス（自分の本来の仕事がわからない人）」をなくすことです。**これがしっかり機能しているから、ディズニーランドでは、ゲストに感動のサービスを提供することができるのです。

★ 作業の徹底が感動のサービスを作る

ここまでご紹介してきたとおり、ディズニーのマニュアルは、シンプルなうえ、作業の順番と内容が明確なので、一度覚えてしまえばキャストが考えなくても自然とそれが達成されるよう工夫されています。

こう聞くと、「それってマインドレスではないの?」と感じる人も多いことでしょう。しかし、マニュアルにある作業が滞りなく行われると、現場にはある変化が生じます。これが、ウォルトがキャストの作業をマニュアルで管理した真の狙いでした。その変化とは、**キャストが本来の仕事を果たす機会をうかがうようになる**ことです。

マニュアルによって作業が進む結果、一人ひとりのキャストの心に余裕ができます。そこで、ヒマだからサボってしまおう……、とならないのは、ウォルトの時代から脈々と受け継がれた「ミッション」がキャストの間に浸透しているからです。

詳しくは、Chapter5で解説しますが、その源流は「ギブ・ハピネス」。

「ディズニーランドが存在する意味は『ギブ・ハピネス』を行うことにある」。

このブレることのない原点が共有されているから、ディズニーのキャストは社員もアルバイトも関係なく、マニュアル以上の働きを見せようとするのです。

しかも、ミッションを実現するための方法についてのマニュアルは、いっさいありません。目の前にいるゲストに「ギブ・ハピネス」を届けるためには何が最適か。**キャストは自分の頭で考え、行動するのです。**

たとえば、都市伝説のように語られている、ディズニーランドのレストランでの有名な感動エピソードがあります。

若いご夫婦がレストランに入り、最初は2名用のテーブルに案内されたものの、2人はお子様ランチを注文。お子様ランチは子どもにしかお出しすることができず、困ったキャストが事情を聞くと、その日が亡くなった娘さんの誕生日だったと言うのです。これを聞いたキャストはご夫婦を4名用のテーブルに案内し直し、お子様用の椅子をセッティング。お子様ランチをお出ししたという話です。

この話を聞き「できすぎだ」と感じられた人も少なくないことでしょう。しかし、この話は、多少尾ひれがついていますが、ほぼ実話。しかも、こうしたシーンは一度だけでなく、何度も繰り返されています。

じつはこの話は、私がディズニーランドで働いていたときに起こったことなのです。ちなみに、ガイドのキャストは終礼時に受けた「どうしてそんな対応ができたんだ？」という質問に、「私の本当の仕事は、ウェイトレスではなく、『ギブ・ハピネス』を行うことですから」と答えていました。この心構えがあるから、ガイドのマニュアルを超えた対応があたり前のようにできてしまう。

作業を支えるマニュアルのおかげで、キャストは余裕を持っていきいきと働くことができます。そして、**余裕があることでミッションを果たす機会を得るのです。**

Chapter 2-3

ディズニー流のマニュアルを作ってみよう

★ ディズニー流マニュアル作りの5つのポイント

ディズニー流のマニュアルを作るにあたってのポイントを5つにまとめました。あなたの働く環境に合わせて活用してみてください。

1. 本質から出発する

マニュアル作成を始めるにあたって、「この作業はなんのためにあるのか？」ということを作業の本質、目的と照らし合わせて問い直しましょう。なぜ、これをチーム全員で共有するのか。どんな結果に結びつけるのか。その出発点があいまいなまま、マニュアルを作ってしまうと、焦点の定まらないぼんやりしたものとなってしまいます。大切なのは、このマニュアルを作る意味、本質を明確に決めることです。

2．作業を分解し、内容を書き出し、最小限の項目だけを書き込む

次に取り組むのは、作業を分解し、マニュアルに盛り込むべき内容を項目として書き出すことです。ただし、あれもこれもと欲張らず、最小限に絞り込むこと。理想は10項目未満です。10も20も続く項目の羅列は、絶対に覚えられません。誰もが覚えることができ、誰がやっても結果の質に差が出ない。これがマニュアルの理想です。

3．作業の手順、順番を明記していく

手順を伝える言葉が、読む人の注意を引くようなものになっているとより効果的です。たとえば、ディズニーの災害対応マニュアルには、地震等の自然災害発生時に現場のキャストが取るべき対応について、次の4つの手順だけが書かれています。

【自然災害発生時のマニュアル】

1．目をふさぐ
2．足をしばる
3．手をしばる
4．口をふさぐ

この刺激的な文言には、それぞれこんな意味があります。

「目をふさぐ」は、キャストがゲストに対して大きな声で「ここは安全な場所です」とアナウンスすることを意味しています。注目させることで、ゲストがデマなどの誤った情報に惑わされるのを防ぐわけです。

「足をしばる」は、注目させた後、ゲストを座らせる手順のこと。パニックになって走り出すゲストがいると、その不安が伝播して、危険な状態となってしまうからです。

「手をしばる」では、座ったゲストに、キャストがキャラクターのぬいぐるみやクッションを渡していきます。これは安心感を与えると同時に、手にものを持ってもらうことで、パニックの原因になる手を使えないようにするわけです。

「口をふさぐ」では、食べ物などを提供し、落ち着きを取り戻してもらいます。

ちなみに、2011年の東日本大震災では、このマニュアルが完璧に機能し、数万人のゲストを無事、安全な場所に避難させることができました。

4．導入することで本当に効率がよくなるのかどうかを確認する

内容と手順を順番に並べることが、マニュアルの完成ではありません。実際に試し

て、それが本当に作業の効率をよくするものなのかどうか確認する必要があります。

マニュアルができたことで、従来よりも作業が手間取るようならば、手順のどこかに問題があるはずです。いったん書き上げたマニュアルを試験運用し、手順が現場の状況に一致しているか探ることは、完成度を高めるうえで欠かせないステップです。

5．チェックリストを用意する

マニュアルに記載された手順どおりに作業を進めることができたか、現場のスタッフが仕事をしながら、確認できるチェックリストを用意しましょう。

ここで言うチェックリストとは、マニュアルが頭に入っているかを社員一人ひとりが確認するための、小テストのようなものです。マニュアルの文言の一部を空白にするなどして作成してみましょう。ただし、チェックリストは点数をつけることが目的ではなく、マニュアルの内容を再確認したり、本質に気づいてもらうことが目的です。

Chapter 2 まとめ

- マニュアルは本来の仕事を制限するものではなく、作業に関する個人差をなくし仕事の質を上げるものである。

- マニュアルによってチームが「常識」を共有すると、10割の人材を戦力にすることができる。

- 「よく聞き一度で覚えろ」という教育は「ストレンジャー」や「ディスリガード」を生み出す原因となる。

- マニュアルを作る際は、その作業にとって何が最も大切なのか、という優先順位をよく考える。

- マニュアルによって生まれた余裕が、ディズニー流のおもてなしの源泉になっている。

Chapter

3

仕組みを定着させる
ディズニーの教育

ファミリーレストラン『Forest's』に新たに立ち上げられたオペレーション改善部
部長の秋山徹は言う
店舗はひとつのチーム
スタッフ一丸となってチームの機能を向上させるため
ファミリーレストラン
Forest's
スタッフ
最強マニュアル
我々は最強のディズニーマニュアルを作成!
Forest's西部駅西口店にてさっそく導入&実施
スタッフが情熱をもってめきめき仕事に取り組んでいくのを今か今かと
Forest's
Drink & Restaurant

どよーーーん…
待ってるんだけどなぁ
待ってるんだけど
ストレンジャーは相変わらずいるし
何しよ
ひまー
ディスリガード？トイレあんまキレイになってないし…
業務の意味？考えないっス
ーて言われるし
ちーーーん
おかしい秋山さんは最強最強って言い張るけど
ここでは空振りだったか

そんな
突然変わる
もんじゃ
ねーだろ
人間
なんだから
でも
せっかく作った
マニュアルが
全然活かされて
ないんだよ！
これじゃ
最強マニュアルも
絵に描いた餅だよ
アアア
勝手に期待値
高くしといて
がっかりされんの
マジ勘弁だぞ
任せろって
言ったの
そっちだぞ
だから
任せ
たんだ
プイ
うぐ・・・
よーし
いいわよ
なんとか
するわよ！
サッ
秋山さんが！
私も
他店舗の
視察で
忙しい
そこは君に
頑張って
ほしい！
……
ガーーン
とっておきの
方法を
教えるから
とって
おきの
方法？

なんすか
その
『ブラザー
システム』
って
まず
先輩スタッフは
新人スタッフさんと
バディを組んで
もらいます

新人さんに専属の先輩スタッフが責任者としてついてもらい
指導していただきたいと思います
それって会社なんかでよくやる
指導社員制度ってヤツだろ？
ここまではね！
このブラザーシステムの特徴は責任者に任命された先輩が担当の新人キャストにほぼマン・ツー・マンで
わからないことは全部オレに聞け
わかりました
それも公私にわたって徹底的に指導するところにあります
先輩スタッフ
後輩スタッフ
研修を終えた後輩スタッフが現場に出てわからないことだらけでも
裾が汚れてるぞ
はい！
先輩たちは後輩スタッフがマニュアルから外れたり言動や髪型・服装に乱れがある場合遠慮なく指導します！

これによってペアとなった2人は
上司のような上下関係でも
親友のような真横の関係でもない
親しみ湧き上がるナナメの関係ができあがります
上司
先輩
部下
ナナメの関係・・・
これはペアとなった2人が兄弟のように成長することを目指した
ディズニー独自のシステムです！

いろいろ教えてください!
え?
自分空き時間いつもぶらぶらしてるんで
暇なときは新メニューの作り方とか教えてほしーッス
なんだよそーゆーことはもっと早く言えよ
じゃオレの後輩は・・・君ね
お願いします
おもしれーじゃん
ブラザーシステム

ガッ
ガッ
ガッ
このサイズは一般的に噛みやすいサイズだ
なるほど思ったより細いですねり
慣れれば30秒で1人前切れるようになる
30秒以内スか！ オレには無理ッスよ
おいおいやる前から……
ちなみに先輩には最初に伝えておくことがあるわ
それは
後輩のモチベーションを
勝手に高めようとしないこと

え？なんでッスか？
それが目的じゃないんスか？
モチベーションは誰かに習ったり誰かに焚きつけられても
上がったりしません
モチベーションを上げられるのは本人だけです
覚えの悪い人はどこにでもいます
作業がうまくできないことを自覚していれば萎縮する人もいるでしょう
オィ!!
こんなこともできないのか
やる気出せよ気持ちで乗り切れよ
ズーン
すいません……
そこへまわりが『やる気を出せ』と言うのは逆効果
だから
その人の眠っている力を引き出すには
じゃ
!

味見役やってみるか？
調味料の分量ミスで店の味が変わっていないか試食するんだ
マジスか！それなら大歓迎ッス
ワアアッ
オレ24時間腹減ってるんで！
小さな成功体験によって自信を与えること！
よし！
ごあ〜ん
バクバク
こら！食いすぎだ味見つて言つたろ
先輩うめーッス！
まあ一歩ずついくか…

あれ このテーブル さっき拭いたよな
お客さん別に座ってないのに
定期的に繰り返し拭くってルールだけど
それって
なんの意味があるんスか 先輩・・・?
むなしくなるっていうか・・・
そうだな じゃあ竹下は・・・
後輩の疑問に答えるときには

まず後輩自身に考える時間を与えてください
なんの意味があると思う?
え?そーッスね・・・・
いつもキレイにして・・・
うんうんそれで?
そのテーブルに座るお客様が喜びますね・・・
喜ぶのはそのお客様だけじゃないよ
え?
誰もいないテーブルを一生懸命拭く竹下くんを見て一番安心してるのは
違うテーブルでそれを見ているお客様だよ
ピカッ

知
ら
な
かっ
た
はい?
呼びました?

まあ なんだ その・・・
ちょっと髪が長いんじゃないか
え? そうすか?
一応ギリギリOKかなと思ってるんすけど
後輩との距離を近づけるためには
ま 確かに似合ってカッコイイけどな
オレなんか髪伸ばそうかなって言っただけで昔付き合ってた彼女に『キモい』の連発だぞ
だから正直お前が羨ましい!
あえて公私の『私』をオープンにしてください
まあオレの彼女も清潔感ある髪型が好きって言いますけど
オレ俳優のマツタクみたいなイケた髪型のシェフ目指してるんで・・・
オレも彼女の意見に賛成だな
そのカッコしたお前にはもう少し短い方があってるって

オレ いい床屋 知ってる からよ 今度一緒に 髪切りに いくぜ？
床屋って …いつの 時代スか笑 オレ 行きつけの サロン あるんで
サ…サロン って何？
初耳
今度一緒に 行ってみます？ 先輩でも イケメンに なれますよ
いろいろ 気になる 言い方だな オイ
ゲ…
すんません …笑
俳優には 俳優の シェフには シェフの 髪型が あるんだぜ
ポン
オレの 彼女みたいな こと 言いますね
へー
！

申し訳ありません
すぐに片付けます
ヤ
チャ
ヤ
チャ
大丈夫か？
ヤ
チャ
また
やっちゃった
……
すいません
先輩
よく落ち着いて謝れたな
緊迫感も漂ってないぞ
もっと
落ち着いて
片づければ
よかったッスね
自分
ヤ
チャ
ヤ
チャ
……
日常の業務で言うと
適度に放っておくのも大事です

たとえば後輩スタッフがミスをして落ち込んでもあえて放置し
先輩は『こうすればよかったんだよ』と早々と答えを教えることもありません
なぜならミスについて本人が考える時間こそ
一番大事だからです
先輩？
……
カチャ
カチャ
……？
カチャ

とりあえず一歩ずつ浸透してると言えないかしら？
ちったぁやるみたいだな
ふっふでしょ
さすが秋山さん
はいはいそうです秋山さんのおかげです
おかげで
店長のオレももっとしっかりしねーとな
って思えてきたぜ
店長でも従業員でもたったひとつのミッションで
大きく変われるんだって
秋山さんが教えてくれたの
ミッション？

ウォルト・ディズニーが
最終的に目指したミッションそれは
ギブ・ハピネス

ギブ・
ハピネス・・・
そしてそれを実現するためにディズニーが考えた概念こそずばり
ぐっ
『毎日が初演』
『毎日が初演』か・・・
ハッとさせられる言葉だぜ
どれ明日っからは
初演のつもりで出勤だ伊東
うん!

Chapter 3-1

ブラザーシステムとは？

★新人と先輩がマン・ツー・マンで徹底的に向き合う

どんなにすばらしいマニュアルを作っても、全従業員に定着、浸透させることができなければ絵に描いた餅になってしまいます。これは、ディズニーの現場でも同じ。そうならないための仕組みが用意されているのです。

ディズニーランドで使われているマニュアルが、キャスト全員に浸透しているのは、「ブラザーシステム」と呼ばれる制度があるからです。これは一般企業で行われている指導社員制度を充実させたもの。新人キャストには、必ず専属の先輩キャストが教育係として配置され、指導する仕組みです。ここまでは、一般の会社と同じ。

この仕組みの特徴は、**指導役の先輩が、担当の新人キャストに、ほぼマン・ツー・マンで、しかも公私にわたって、徹底的に教育するところにあります。**ペアとなった先輩と後輩が、まるで兄弟のように成長していくことを目指したディズニー独自の仕組みなのです。私は、この先輩と後輩のつながりを、「上司でも親友でもない、ナナメの関係」と呼んでいます。

マニュアルの浸透という意味で言えば、先輩たちはコーチのような存在でした。前述のとおり、ディズニーのマニュアルは作業の内容と手順しか定められていません。

もちろん研修でひととおりのことは学びますが、ディズニーのキャストは即戦力としてすぐに現場に出されます。ですから、最初は当然わからないことだらけ。前述した「内線」というセーフティーネットはありますが、やはり不安です。

しかし、いつもそばにいて、わからないことがあればすぐにアドバイスしてくれる先輩のおかげで、「何をすればいいかわからない」「不安が先行してまともにサービスを提供できない」ということはありません。

★指導役に遠慮はいらない

指導役の先輩たちは、後輩キャストがマニュアルから外れたことをしたり、ディズニーの基準（スタンダードライン）に満たない行動をすると、遠慮なく叱りつけます。

私も新人時代、ユニフォームのズボンの裾に「ヒールマーク（靴のかかとの内側が反対側のズボンの裾にあたってついた汚れ)」が少しついていただけで、「大住、ズボンの裾が汚れているから、今すぐ着替えろ」と指示されたのを覚えています。

カストーディアルはパーク内を歩きまわっているため、どうしてもヒールマークがついてしまいます。しかし、どうしてもついてしまうから見逃すということなく、先輩は「1日に何度でも着替えるのがゲストへのおもてなしだ」と教えてくれたのです。ディズニーでは、こうやってマニュアルを現場に浸透させ、厳しいスタンダードラインをキャスト一人ひとりに植えつけているのです。

一方、キャスト本来の仕事、つまり、「おもてなし」、ということに関しては、キャスト一人ひとりのやり方を尊重し、ヒントを与えながら一緒に考えてくれます。

ディズニーランドには、一般的なサービス業と違い、笑顔の作り方のマニュアルはありませんし、練習もしません。**「おもてなし」にあたる部分までマニュアルで画一化してしまうと、ゲストを感動させることはできないし、キャスト自身も成長しないからです。**

それでもキャストがニコニコと明るいのは、本気でゲストをもてなすことの意味を先輩から教わるからなのです。

★マニュアルが浸透しないのはモチベーションのせいではない

マニュアルがあるのに浸透しない。

マニュアルがあるのに作業の質が保たれない。

マニュアルがあるのに顧客の満足度が上がらない。


そんなとき、多くの企業は従業員のモチベーションに要因があるのではないかと考えます。そして、「モチベーションアップ研修」といった機会を設け、従業員のやる気を上げようとします。しかし、これは大きな間違いです。

モチベーションは誰かに習って、誰かに焚きつけられて、アップするものではありません。なぜなら、モチベーションを上げることができるのは本人だけだからです。

どんなチームにも必ず仕事の覚えの悪い人はいます。やるべき作業がうまくできないことを自覚していれば、萎縮することもあるでしょう。そこへまわりが「やる気を出せ」と言っても効果はありません。そうした人の力を引き出すには、**その人の活躍できそうな仕事を作り、小さな成功体験によって自信を与えることが大切です。**

簡単なことでもきちんとできたら大げさなくらいに褒めていく。これが仕組み化されているのが、ブラザーシステムです。

指導役の先輩たちは、経験の浅いキャストがスムーズに仕事を進められたら、その働きに注目し、「よくやったな」と声をかけます。そのひと言でモチベーションが上がるわけではありませんが、「見てくれている」という印象は胸に残るわけです。

この「自分を認めてもらえた」という感覚は自信を育み、先輩への信頼感にもつながっていきます。こうした成長のきっかけとなる、簡単な仕事にぴったりのアイテムが、マニュアルです。そこに書かれている作業の目的と簡潔な手順に沿っていくと、誰もが平均点以上の成果を出せる。問題は先輩が、**それを「できてあたり前だ」と見ているか、「よくできたな」と褒めるかどうかです。**

先輩が褒める。先輩が認める。だから、「やろう」と思う。最初はこれでかまいません。それを続けていくと、キャストは必ず次のステージに上がります。「なぜ、こうすると先輩は褒めて、認めてくれるのか」と考え始めるのです。

後輩がそのような段階になったら、先輩はマニュアルの本質について教えます。「このマニュアルがあるのはなぜなのか。作業効率化のためであり、その先にある本来の仕事のためである。実現させたい理想を実作業に分解したものが、マニュアルなのだ」と。そして、そのつながりに気づけたとき、キャストは一人前になるのです。

マニュアルに従うことで小さな成功体験を積み、それを先輩が評価することで本人のやる気にスイッチが入る。先輩はそこで満足せず、マニュアルの背景にある本質を語っていく。先輩と若手の間には前提となる信頼関係が構築されているので、語られた側はマニュアルの大切さ、本質に気づくのです。

これがブラザーシステムによってマニュアルがチームに浸透していく流れです。

この仕組みを一般の会社に取り入れること自体は、それほど難しいことではありません。新人が入ってきたとき、指導役の先輩を決めてしまえばいいだけだからです。

難しいのは、その先輩と新人の距離感や接し方、コミュニケーションの取り方。

次項からはそのコツを、私の教育係だった実在の先輩を例に説明していきます。

Chapter 3-2

教育の成果はコミュニケーションで決まる

★ あえて公私の「私」に踏み込む

ブラザーシステムにおける、指導役の先輩の振る舞いやコミュニケーションの取り方はそれぞれでしたが、共通している点もいくつかあります。

それは、後輩や部下に責任を持たせ、仕事を任せてくれることです。業務のなかで個々の力を発揮させ、失敗したら原因を一緒に考え、対処策を講じて、フォローしてくれる。こうした面倒見のいい先輩はどこの会社にも存在します。そして、そういう先輩を慕う後輩が仕事を覚えていくという流れはめずらしいものではありません。

しかし、ブラザーシステムのポイントは、**そのような先輩後輩の関係を強制的に作ってしまうところにあります**。若手は配属されると「○○さんが教育係だ」と言われ、好むと好まざるとにかかわらず、ペアとなります。

そこで、想像されるのは相性が合わないといった問題です。

「あの人は生理的に無理」「どうもこの人の言うことは納得がいかない」など、仕事以前の部分でコミュニケーションがうまくいかず、先輩後輩の関係がうまく築けない。現実にはごろごろしている問題です。

ところが、ブラザーシステムではこの手のトラブルはほとんどありませんでした。同じ組織のなかで、個性の異なる複数の先輩が一定水準以上の結果を出せてしまう不思議。そこには、やはり暗黙のルールのようなものがありました。

先輩たちはマニュアルに精通しているのはもちろんのこと、**後輩とコミュニケーションを取るとき、あえて公私の「私」に入っていくようにしていました。**

後輩がどんな人間なのかを見るため、「なんでディズニーランドで働きたいと思ったの?」と、あえて人間性の見える質問をして、距離を縮めていく。私も指導役になったとき、それを見習い、意図的に後輩の両親に関する話を聞くようにしていました。

私たちは自分の親族の話になると、つい本音が出てしまうものです。彼や彼女が親をどういうふうに思い、どんなふうに日々接しているかを聞くことで、個性が見えてきます。そして、コミュニケーションを重ねることで後輩の感情は「この人の話なら聞いてもいいかな」「この人にならなんでも話せるな」と変化していきます。

★すべてを管理しようとしない

日常の業務で言うと、適度に放っておくのも先輩たちのやり方でした。任せて、見守り、口を挟まない。特に、私がジャングルクルーズの時代にお世話になった先輩、豊田さんの間合いは絶妙でした。転んだ子どもが自分で立ち上がるまで見守り、「えらいね」と褒めてあげる。そんなかかわり方で後輩たちを育てていました。

たとえば、私が何かミスをして落ち込んでいても、あえて放置するわけです。そして、休みの前日になると、声をかけてくれる。こちらは見ていてくれたのかと安心します。でも、豊田さんはそのとき、「こうすればよかったんだよ」という答えは教えてくれません。なぜかというと、**考える時間を与えるためです**。

休暇の前にぽんと声をかけられることで、次に出勤するまでの間、頭の片隅に「どうしたらよかったんだろう？」という疑問が残る。すると、人は無意識のうちに問い

かけを続け、成長していきます。

指導役の先輩たちがすごいのは、自分たちの通常業務をきちんとこなしながら、弟分、妹分への目配りを忘れないことです。その日、はじめて顔を合わせたときには必ず、「元気?」と声をかける人もいれば、ぽんと肩を叩くだけの人もいました。

いずれにしろ、**そのわずかなコミュニケーションで「俺は見ているよ」「気にかけているよ」「何かあったら言ってこいよ」というメッセージを伝えているのです。**

★責任ある仕事を任せることで、成長を促す

こうした出来事は何もパーク内だけで起きているわけではありません。

私が開発事業部という部署で、東京ディズニーシー開業のプロジェクトに携わっていたときの先輩、大塚さんとの間にも忘れられない思い出があります。

プロジェクトを進めるにあたって、地域の住民のみなさんをはじめ、千葉県警、警視庁、道路公団(当時)など、あらゆる関係団体から、交通問題の改善を求められていました。私は先輩について関係各団体との調整を続け、最後の最後、地元行政から工事許可の書類に押印してもらう段階を迎えました。

その当日、大塚さんは私に、行政とオリエンタルランドの双方が1枚ずつ書類に押印していくという重要な役目を私に任せてくれたのです。

作業としては誰にでもできることですが、そこに至るまでの苦労と経緯を横で見てきただけに、まるで会社を代表して押印しているような気持ちになりました。

職位を考えれば、上司である大塚さんが押すべきところを若手の自分に任せてくれたというれしさ。一緒に頑張ってきたことを認めてもらったような想いがして、この仕事をやってきて本当によかったと感じると同時に、身の引きしまる想いがしました。

大塚さんが演出してくれたこの出来事によって、着工後、発生するはずのさまざまな困難に対しても立ち向かっていこうというモチベーションと責任感をかき立てられました。そして、こうした経験は自分が若手を指導する立場になったとき、役立っていきます。どういうふうに状況を演出すれば、後輩の心に火が灯るのか。自身が先輩からかけてもらった言葉を思い出しながら、マニュアル＋αの想いを伝えていく。

つまり、ブラザーシステムは、**ただマニュアルを浸透させるだけでなく、個の力を伸ばし、それがまわりまわって結果的にチーム力をアップさせるわけです。**

Chapter 3

まとめ

- ブラザーシステムとは、指導役の先輩が、後輩に対して1対1で、徹底的に指導する制度である。

- スタッフのやる気を引き出すには、その人が活躍できそうな仕事を作り、小さな成功体験によって自信を与えることが大切。

- ブラザーシステムをうまく運用するためのポイント
  ❶ 公私の「私」に踏み込む
  ❷ 適度に放っておき、考える時間を与える
  ❸ 責任ある仕事を任せて、成長を促す

- ブラザーシステムは、ただマニュアルを浸透させるだけではなく、個人の力を伸ばすための仕組みでもある。

Chapter 4

ディズニーは いきいきした職場も 仕組みで作る

スタッフにディズニーの最強マニュアルを定着させるため
秋山さんが導入したディズニーの仕組み
『ブラザーシステム』を導入するんだ
どん!!
※最近会ってないので顔を思い出せない。
新人を先輩スタッフがマンツーマンで指導するこのシステム
おかげで最強マニュアルはより定着し
後輩の成長スピードもこれまでの比ではないくらい!
徐々に結果にも繋がり始めこの制度は大成功!
―と秋山さんに報告すると

そろそろ次のステップだな
え？次のステップ？
このまま最強マニュアルが浸透すれば
店舗としての業績向上にも・・・
結果を求めるにはまだ早い
ひとつハードルを越えればそれは次のハードルへ向かっているということだ
※たぶん今こんなふうに話してる。
ハードル？
最強マニュアルが浸透し始めると別の問題が始まる
そろそろ先輩スタッフの一人がこう言うだろう
Forest's Drink & Restaurant

ブラザーシステムでスタッフ全体のレベルがアップして
ヒジョーにありがたいんすけどね
オレたち指導する側
前より仕事が増えて正直負担が大きいんすよね
ほんとだ。
だから
先輩ちょっと新メニューの件で聞きたいことが
おう今行くよ
さっきも同じこと言ったけどな

……
タタタ
すいません
先輩
何度も
……
先輩
お子様用のおもちゃが足りなくて
昨日補充注文するの忘れてたんス…
忘れてた!?
じゃ今日のお子様ランチどーすんだよ!
急いで隣の店舗に余分がないか電話しろ!
電話番号わかんないッス
ぐ…
それくらい……
店舗一覧こっちだ
どうしよう……
ブラザーシステムで最強マニュアルはずいぶん浸透したんだけど……
したんだけど

おかげで先輩スタッフはストレスいっぱいだ
そのいやな雰囲気が店内にも流れるもんでスタッフ間の空気も悪い
このままじゃ指導する側がどんどん辞めてくぜ
うん……
至急手を打ってくれよ
うん
Forest's
Drink & Restaurant

よし
それじゃあ
『ありがとう』を定着させよう
ありがとう？
ディズニーのキャストはなぜいきいきと働いていると思う？
ディズニーのキャストはなぜいきいきと働いているのか……
なぜだろ……
守らなければならないマニュアルは多く
連日賑わうパーク内で働く以上勤務中はどうしても忙しい
それでもディズニーランドのキャストは、いつもいきいきと仕事に取り組む
何も特別な人材を選りすぐっているわけではなく
キャストの９割は近所から通っているフリーターや学生、主婦で
時給も高いとはいえない

なぜだと思う？
どうして？
それは目の前の人に『ありがとう』をたくさん言われるからだ
※顔を思い出した。
え？たったそれだけ？
え！
それだけでスタッフみんなが自分から動いてくれるようになるわけないですよ
これにはちゃんと理由がある
その答えは『自己有用感』という言葉に隠されているんだ
自己有用感
ありがとう！
ひらたく言えば人はありがとうを言われると『自分は役に立っている』『人から認められている』という感覚になる
自分は役に立った
目の前の人に認められた

ゲストから毎日「ありがとう」と言われることで大きな自己有用感を得ることができそこで働く自分が好きになれる
ありがとう！
この仕事が好きだ
ありがとう！
ありがとう！
ありがとう！
だから自然といきいき仕事をするようになるんだ
確かに自分の仕事に対しありがとうって言われれば
自分の仕事をその場で評価してくれたようにも感じるかも
そのとおり
しかもこれは偶然そうなるわけではない
ディズニーランドで働くすべてのキャストに共通するマニュアルに書かれた
3つのルールがあり
これこそが誰にでも『ありがとう』を作り出せる『仕組み』として機能しているんだ
わかるかね伊東ちゃん
※思い出したのに忘れた。

たくさんの『ありがとう』に出会う
3つのルール？
そ
それが3つの『Give！』
ドンッ
3つの『Give』
① "Give your a step for picking up trash ahead"
ゴミを拾いましょう!
② "Give your 1finger for taking pictures"
写真を撮ってあげましょう
③ "Give your a call for your happiness"
案内をしてあげましょう！
ここでは写真を撮ることはないので『スプーンが落ちたら拾う』に応用して
ポイントはa step（一歩）と1 finger（指一本）a call（ひと声）
誰にでもできる簡単なことでし

誰もが『ありがとう』をもらえる機会が毎日たくさんできるだけでなく
もうひとつ別の目的もあるの
目的？
ディズニーランドって案内板を極端に少なくしてゲストがパーク内のいたるところにいる『カストーディアル（清掃員）』に自然と道順を聞くようにしているんだって
キャストはその質問に答えるだけで『ありがとう』と言われる
つまりわざと案内板を少なくすることでコミュニケーションの機会をあえて増やしているの
コミュニケーションが生まれる
道に迷った
道を教えてください
ありがとう！
なるほど『ありがとう』が生まれる仕組みを作ることで
スタッフがお客様とコミュニケーションを取る機会をあえて増やそうってわけか
ありがとう
ありがとう

積極的にありがとうを言いなさい
なんてルールを決めても定義もあいまいで定着は難しいけど
そこに簡単なシステムを作れば『ありがとう』が自然に生まれるわ
困っている人がいたら案内してあげましょう
そして率先してありがとうの声かけを実行してほしい人は
Forest's Drink & Restaurant
―ということで
今日からこの3つのルールを始めたいと思います
ありがとうルール!?
今日からスか

ありがとうを言わせるって変っスよね
ねー
ドョ
ドョ
そんなことやって意味があるんですか？
それってどうなの？
でもその前に
ズッ
みんないつもおつかれさま
率先してほしい人は
！
毎日頑張ってくれて本当に
ありがとう
店長であるあなたよ

いらっしゃいませー
2名禁煙席で
かしこまりました
あと
注文の前にトイレを借りたいんだが…
もちろんどうぞ!ご案内いたしますね
向かって右側が男性用のお手洗いでございます!
助かったよ
ありがとう
…

自己有用感
ありがとうってやっぱいいな
そしてスタッフのいい仕事に対しては
スッ
落合
グッジョブ!
褒める
グッ

どうも
この2つだけで店内のコミュニケーションが
ぐんっと増える
グッ
うし
カツーン

すぐに替えをお持ちしますね
ありがとうございます！
ゴミが…
ありがとう
グッジョブ
ありがとう
ありがとう
グッジョブ
グッジョブ
ありがとう
グッジョブ

さすがディズニーの仕組みだな
一切コストをかけずに職場の雰囲気ばかりか
顧客満足度まで上がるぞ伊東
辞めるって言ってたスタッフももう少し考え直したいってさ
あの…
店長辞めるって話ですが…
徐々にいい風が吹いてきたぞ伊東
うん
ウォルトってさ仕事を
Duty（作業）と
Mission（役割）
の2種類に分けて考えたんだって

『デューティー』は
ディズニーランドで言えば
清掃作業やレストラン、店舗、
各アトラクションでゲストを案内する
『やるべきこと・作業』で
これが仕事の6割
●「デューティー」と「ミッション」の三角形
Mission
本来の仕事（役割）
40%
自分の頭で考える
Duty
やらなくてはならない仕事（作業）
いつ、誰がやっても同じ結果を生む仕事
考えなくてもできる仕事
60%
マニュアル（内容×順序）
一方4割の
『ミッション』が
ディズニーの理念である
『Give happiness』
ゲストに幸せを提供する仕事
マニュアルの実施
ウォルトは
マニュアルによって
6割の『デューティー』を
簡略化することで
やるべき仕事6割
残り4割の『本来の仕事（ミッション）』に
力を振り向けるシステムを作ったんだって
幸せを提供4割
ギブ・ハピネス

つまり与えられた作業をこなしただけじゃ
仕事になっていないってことだな
そういうこと
ありがとうのルールはそれを補完するのにもってこいだ
ありがとう
ありがとう
グッジョブ
グッジョブ
グッジョブ
ありがとう
これは必ず結果に繋がるぞ伊東
うん

まあ何はともあれ
伊東グッジョブだ！
助かってるぜ
ありがとう
グッ
私伊東さやか28歳
久しぶりに言われた「ありがとう」のために
フリ
うん
フリ
ただいま自己有用感に浸り中

Chapter 4-1

なぜ、ディズニーのキャストはいきいき働いているのか？

★秘密は「自己有用感」

「人がすぐに辞めてしまう」
「組織やチームに一体感がない」
「部下が自分から動いてくれない」
「会社に活気がない」

読者のなかには、こういったことで悩んでいるリーダーも多いのではないでしょうか。私自身も、講演や研修の先で、よくこんな質問や相談を受けます。

守らなければならないマニュアルは多く、連日賑わっているパーク内で働く以上、勤務中はどうしても忙しく立ちまわらなければなりません。それでもディズニーランドのキャストは、常にいきいきと、積極的な姿勢で仕事に取り組んでいます。しかも、ディズニーランドで働くキャストは、9割がアルバイトです。それも特別な人材を選りすぐっているわけではありませんし、時給も他社と比べて特段高いわけではありません。その普通の人たちが、ほかの企業の羨むような働きぶりを見せてしまうのですから不思議です。

なぜ、彼らはいきいきとしているのか？　その質問に私はこう答えています。

「そこに何か特別な理由があるとすれば、それは『ありがとう』をたくさん言われるからです」。すると、だいたいこんな答えが返ってきます。

「まさか。そんな簡単なことで部下が自分から動いてくれるようになるわけないじゃないですか」。同じことを思った読者も多いと思います。しかし、これにはちゃんと理由があるのです。

その答えは「自己有用感」という言葉に隠されています。自己有用感とは心理学の世界で使われている言葉です。ひらたく言えば、「自分は役立っているんだ！」「他人から認められているんだ！」という感覚です。

ディズニーランドのキャストは、ゲストから「ありがとう」と言ってもらえることで、大きな自己有用感を得ることができ、ここで働く自分が好きになれる。だから、自然といきいき仕事をするようになるのです。

★ディズニーでは「ありがとう」も仕組みで引き出す

しかも、これは偶然そうなっているわけではありません。

担当や業種に関係なく、ディズニーランドで働くすべてのキャストに共通するマニュアルに書かれた3つの取り決めが、誰であっても「ありがとう」との出会いを作り出すことのできる「仕組み」として機能しているのです。

その3つの取り決めとは、次の「3つのGive」です。

【3つのGive】

1. Give your a step for picking up trash ahead.
   ゴミを拾いましょう。
2. Give your 1finger for taking pictures.
   写真を撮ってあげましょう。
3. Give your a call for your happiness.
   案内をしてあげましょう。

ポイントとなるのは、〝a step（一歩）〟と、〝1 finger（人差し指一本）〟と、〝a call（ひと声）〟。実行しようと思ったらすごく簡単なことです。

ゴミが落ちているのに気がついたら、一歩踏み出して拾い上げる。

カメラやスマホを持って写真を撮ろうとしているゲストを見かけたら、「撮りましょうか？」と声をかけ、人差し指でシャッターを切る。

ガイドブックを片手にキョロキョロしているゲストなど、何か困っている様子に気づいたら、「どうしました？」と、ひと声かけて案内をする。

ディズニーで働く人は所属している部署がどこであれ（もちろん社長であっても）、オンステージであるパーク内で、この3つのGiveを必要としている事柄やゲストを見かけたら、絶対にそのままにはしません。まるで条件反射のように行動に出ます。

なぜなら、全キャストが教わるマニュアルに、この簡潔な3つのルールが記され、周知徹底されているからです。

★ ただ清掃をしているだけで「ありがとう」と言われる仕掛けとは？

もちろん、なかには仕事に慣れておらず「自分からなかなか声をかけられない……」という新人キャストも存在します。でも大丈夫。

ウォルト・ディズニーは、キャストとゲストが会話をせざるを得ない状況を意図的に作り出しているからです。

ディズニーランドには案内板がほとんどありません。あるにはあるのですが、面積あたりの案内板の数は、ほかのレジャー施設に比べ極端に少ないのです。

あれだけ広いパークのすべてを把握しているゲストは少数です。するとゲストは、パーク内のいたるところで清掃をしているカストーディアルに道順を聞くことになります。キャストはその質問に答えるだけで「ありがとう」と言われます。**案内板が少ないのは、こうしたコミュニケーションの機会をあえて増やすためなのです。**

じつは、ウォルト・ディズニーはカストーディアルを清掃員として配置したわけではなく、「案内係」として配置していたのです。東京ディズニーランドでは、1日に約20トンのゴミが出ますが、1日に約400名働いているカストーディアルが集めるゴミはそのうち1・4トン、全体の1割にも満たない量です。そのかわり、ゲストから質問される回数は、1日平均で100回にも上ります。

彼らは、ただ掃除をしているように見えますが（もちろん、実際にしていますが）本来の仕事は、パークを案内することなのです。

ウォルト・ディズニーは、こういったゲストとキャストのコミュニケーションを「マジカル・チャンス」と呼び重要視していました。

そして、キャストたちの働きはゲストにとって「ディズニーらしいおもてなし」となり、「ありがとう」という言葉につながっていきます。相手から「ありがとう」と言われることのうれしさについては、改めて説明するまでもありませんよね。

ちなみに、**これを実践している現場のキャストは、これが自らの「自己有用感」を高める仕組みであると、意識しているわけではありません。**あくまで「自然に」感謝の言葉をもらえるようになっているのです。

社員のモチベーションを上げようと給料を上げたり、名刺に肩書きをつけたりしても、数カ月で慣れてしまい、モチベーションがまた低下し始めます。もちろん、能力に応じた昇給や、昇格は必要ですが、それは違う次元の話。それを使って社員のモチベーションを上げるという考え方は間違いです。

しかし、「ありがとう」の場は、作れば作るほど、社員や現場はいきいきとし始めますし、毎日言われても慣れることがありません。

「ありがとう」を引き出し、従業員に「自己有用感」を植えつける仕組み。それこそがディズニーの考える強固な組織作りの基盤なのです。

Chapter 4-2

「ありがとう」を引き出す仕組みをあなたの職場に取り入れるには？

★自然に「ありがとう」が生まれる仕組みを作る

ここまで、従業員の「自己有用感」を高める仕組みについて解説してきましたが、もちろんこれは、ディズニーランドでなければできないという手法ではありません。

たとえ、あなたの職場がお客様の来訪のないところだとしても、スタッフ同士、上司と部下、先輩と後輩から相互に「ありがとう」という言葉が自然に出てくるような仕組みを作れば、職場の空気はがらりと変わっていきます。

ただし、「積極的にありがとうを言いなさい」というルールを決めても、定義があいまいで、なかなか定着しません。しかし、簡単なルールを決めることで、「ありがとう」が自然に生まれる仕組みを作ることは可能です。

たとえば、「オフィスにある複合機のコピー用紙やトナーがなくなったら、出力した人でなくても近くにいた人が補充する」「床にゴミが落ちていたら拾う」など些細なことでいいのです。

また、管理職ではない社員にも、「PCでわからないことがあったらITに詳しい○○さんに聞く」「事務作業や書類のことは××さんに相談する」など、スタッフ全員に「担当」を割り振れば、すべてのスタッフが「ありがとう」を受け取ることができ、「自己有用感」を得られるようになります。これなら、顧客と接することのない職場でも、変に意識することなく、自然と「ありがとう」を引き出すことができます。

また、あなたに部下や後輩がいるのなら、**意識的に「ありがとう」の声かけを行いましょう。**

頼んだ作業が完了したとき、担当者に「おつかれさま、ありがとう」と声をかける。たったこれだけのことを意識するだけで、スタッフの働きに変化が出始めます。

何も難しいことはなく、どんな会社のどんな職種でも明日から取り組める試みだと思います。最初はわざとらしくなってしまいますが、それでもかまいません。

社内で自然発生的に「ありがとう」が生まれる仕組みを作ると同時に、リーダーは「ありがとう」の声かけを意識する。

本書では、ディズニー流のさまざまな仕組みをご紹介していますが、まずここから始めてみることをおすすめします。

Chapter

4

まとめ

- 「自分は役に立っている」「他人から認められている」という自己有用感が、いきいき働くスタッフ、チームを作る。

- ディズニーでは、自己有用感を仕組みで引き出している。

- ディズニーランドのカストーディアルは、ゲストを案内することで、1日100回以上「ありがとう」と言われている。

- 「ありがとう」が自然に出てくる仕組みを取り入れれば、どんなチームでも活性化する。

- リーダーは、意識して「ありがとう」の声かけを行うことが大切。

Chapter

5

理念を浸透させ最高のスタッフを生み出すディズニーの仕組み

最強マニュアルを導入してから3カ月が経過
Forest's
Drink & Restaurant
おかしい
おかしいな
何かがおかしい
フル
フル
何かがおかしいな
最強マニュアルを導入してから
ストレンジャーもディスリガードもマインドレスもなくなった
フル
フル
なくなったな
『ブラザーシステム』で最強マニュアルは定着したし
したな
フル
『ありがとう&グッジョブルール』で人材流出も防いだわ
防いだな
フル
いろんなことが変わったわ……
変わったな
じゃあなんで

業績だけ変わらないのかしら…
ゴーーン
なんで業績だけ変わんねーのかねー
先に釘を刺すような言い方で悪いが
駅からの距離はウチの方が大手ファミレスより近く
営業時間もウチの方が1時間早く開店
大手ファミレス
営業時間
09:30−22:30
フォレスト
営業時間
08:30−22:30
約180m
西口
約100m
西部駅

オオオオオ
地理的にも時間的にもウチの方が客を取れる条件下なのに
惨敗・・・
どうすっか
どうしよう
伊東さん社長から電話です
ギョ
ゲゲ！
どうしよう絶対業績の件だよ・・・
昨日業務報告書を出したから・・・・・・
アア
出るしかねーだろ
武田くん出て
サァ
ただの一時しのぎじゃねーか
すいません今トイレって
もしもし秋山です
！

秋山さん……
順調です社長
！
我々は遠のいたお客様を呼び戻す
最終段階に入りました！
ええ
大丈夫です
それでは
さて・・・
ここからどうすればいいと思う？
伊東ちゃん

こ……
さ…
作業をもっと効率化すれば改善できると思います
いい案だね
具体的に何ができると思う？
ここから？
調理！
システムや店内業務は効率化できました
あとは調理を効率化できれば
それもいい案だが
ここにきて一番大事なことが抜けてしまっている
それは会社を改善していくうえで絶対に忘れてはいけないことだ
それは

フォレストの創業者
森総一郎の理念だ
前社長の理念!?

そもそも今回提示された3つのミッションを
覚えているか？伊東ちゃん
『価格競争からの脱却』
『サービス品質の平準化と効率化』
あ
『接客の向上』
伊東ちゃんはなんのために働いているのか
なんのためにここへきたのか
そしてフォレストはなんのためにあるのか
原点に戻るんだ

最高の料理を通じてお客様に最高の幸せと笑顔を提供する
この理念をすべての社員に定着させたい
どうやって？
クロスコミュニケーションで
必ず定着できる
クロスコミュニケーション!?

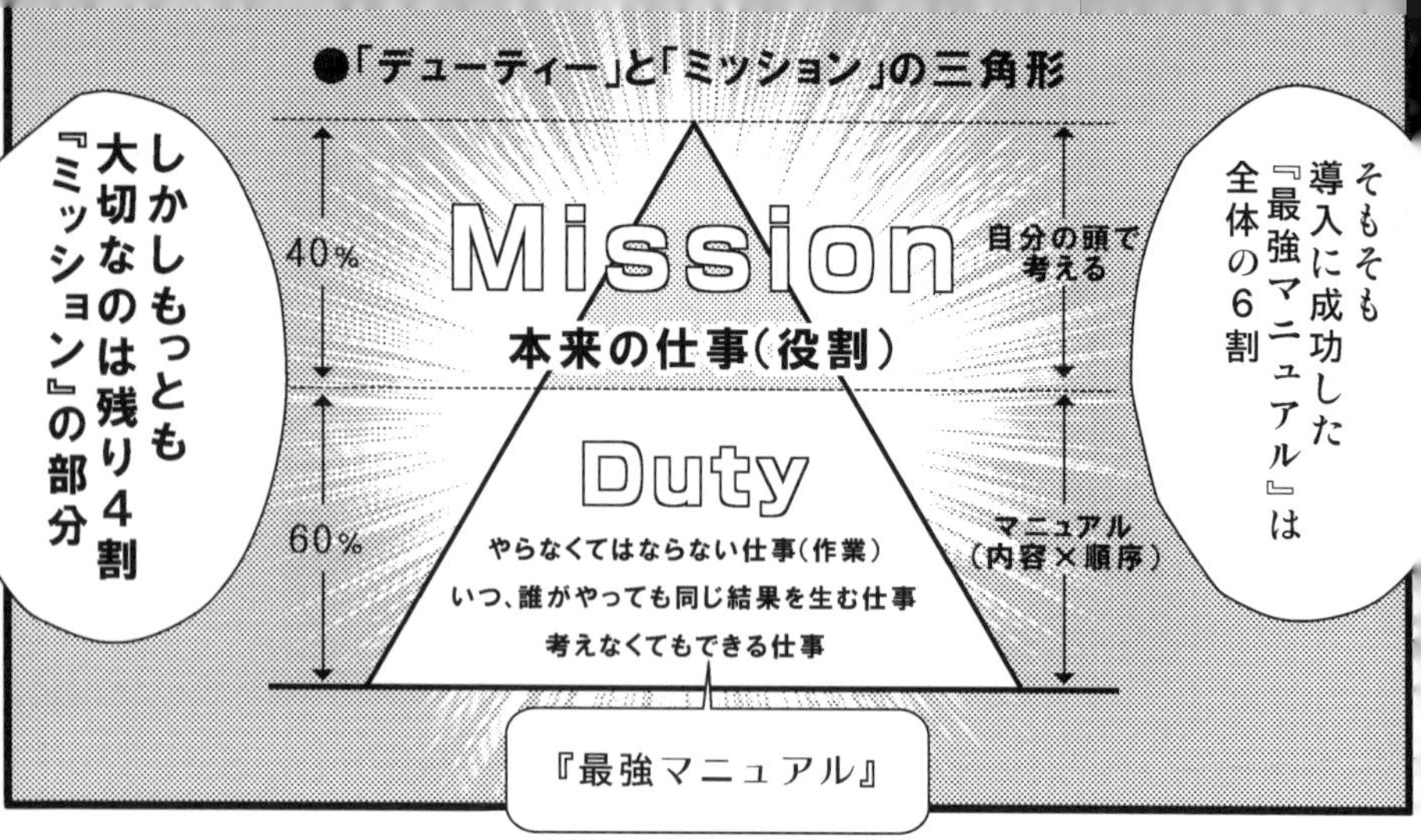
●「デューティー」と「ミッション」の三角形
そもそも導入に成功した『最強マニュアル』は全体の6割
Mission
本来の仕事（役割）
自分の頭で考える
40%
Duty
やらなくてはならない仕事（作業）
いつ、誰がやっても同じ結果を生む仕事
考えなくてもできる仕事
マニュアル（内容×順序）
60%
『最強マニュアル』
しかしもっとも大切なのは残り4割『ミッション』の部分

ディズニーの強みはなんといってもその組織力にあり

組織力

この組織力を生み出すには『デューティー』と『ミッション』の両輪が欠かせない

ゲストがいつ訪れても幸せな気分になれたり現実を忘れられるのは現場のキャスト全員が「ギブ・ハピネス」という理念を理解しそれに基づいて接客しているからだ
これがなければどんなにマニュアルを充実させてもゲストを魅了する感動のサービスは生み出せないし継続的に業績を伸ばせない
Give Happiness

どんな会社でも理念を浸透できれば必ず社員は同じ方向を向く
そのためにはすべてのスタッフが現場を語り合う場を作るんだ
たとえば終礼後にその日現場で起きた『いい出来事』『新しい発見』『驚き』などを仲間同士に伝え
それについて互いにどう思うかとにかく本音で話す
今日お客様からテーブルがキレイだって褒められたよ
よし今の状態を維持しよう
これをクロスコミュニケーションという
お客様との出来事!?

なんでもいいんだ
みんなで共有していこうと思う
それも問題点を話し合うんじゃなく
現場で起きた『いいこと』をポジティブに本音で語りたい
……
シ〜ン
これと言ってないスけど…
あえて言えば…
ドッ
あえて言えば？
なんだ？
…
グループを作りましょうよ
！
スッ
本音って人前じゃなかなか言えないわ

そうだな よし
5人ずつに分かれよう
より本音で語りやすくなると思う
おい さっき言ってたのなんなんだ?
たいしたことじゃないんスけど…
教えてくれよ
エアコンが効いたなかで氷の多い水出すと嫌がるお客様がいるので『氷抜きますか?』と聞いたら喜ばれたんス
まあ毎日1000人くらいいくるお客様のうち2、3人はかなり少数派スけど
ありがとう
自分結構その0.2%に毎日当たるんスよね
なるほど確率的には0.2%ほど
確かにちょっと冷えるかもな
マジか
もっと早く言えばいいのに

まあ自分ただの後輩バイトなので・・・
言いづらいよな
スッ
気を遣ってくれてありがとう
でも今後もここでは先輩も後輩も取り払って気軽に語り合ってくれ
テーマがウチの理念であればなんでもいいぞ!
――そうすることで
お互いがお互いを知り尊重し合い認め合うようになり組織はもっと活性化する
誰もが『なんのためにこの仕事をしているのか?』という本質的なことを話し合えれば最高だ
Drink & Restaurant
季節のオムライス

いらっしゃいませ
禁煙席3名頼む
氷2個減らしてみた
ゴク
ゴク
僕オムリアスがいいー
オムライスね
今日0.2%もなかったッス!
ゴソ
すごいな
いきなりゼロか!
氷たった2個でたいした改善だな!

オレ今日お得意様に言われたことがあるんだけど
なんだ？
いらっしゃいませ
いつもの禁煙席でよろしいですね？
オレのこと覚えてるの？嬉しいね！
無視できないな
常連客の顔を覚えるのも大事なことだしな
常連でくるってことは料理は気に入っていただいてるってことだ
ニイッ
だったらあとは『笑顔』
その顔はヤバい
お互い笑顔でいるためにもお得意様はみんなで顔を覚えて共有しようぜ
そうだな

コッ
コッ
いらっしゃいませ
禁煙席でよろしいでしょうか？
え？ああ頼む
ご注文が決まりましたらそちらのボタンをお押しください
オムライス2人前
オレのことは『禁煙のオムライス2《ツー》』って覚えてくれよ
わかりました！
なぜ自分はここで働いているのか
という本質をつかみ目的意識を持って働くと
人は必ず持っている最大限の力を発揮してくれる

ゴッ
ゴッ
なるほど
よし メニューまで覚えよう
もう一歩だ
コッ
コッ
いらっしゃいませ
1名様禁煙ご案内いたします
オムライス2人分もすぐにお持ちいたします
グッ
頼む

秋山さんの言ったとおりだね
創業者の理念を思い起こすことは会社の原点を知ることであり
最高の料理を通じてお客様に最高の幸せと笑顔を提供する
理念の始まりを理解することでもある
与えることは最高の喜び
ワアアアッ
人を笑顔にできる人はそれによって自分自身の喜びと満足を得る
つまり創業者の理念に戻るよう誘うクロスコミュニケーションが
ついにはミッションとはなんたるかを自ら学ぶ理念教育の場となり—

ついには
10割に到達した
サービスを提供
できるようになる
ドン
Mission
本来の仕事（役割）
40%
自分の頭で
考える
Duty
やらなくてはならない仕事（作業）
いつ、誰がやっても同じ結果を生む仕事
考えなくてもできる仕事
60%
マニュアル
（内容×順序）
クロス
コミュニケーション
とりあえず
成功って感じか
うん
オオオオオ
オ
オ
オッ
ね
ディズニーが
居酒屋を
作ったら
どんな居酒屋に
なると思う？
ディズニーが
居酒屋？

そりゃ楽しいだろうな
元気のいいスタッフに癖になるメニュー
現実のただ中にそびえるのにそこだけ別世界の雰囲気
居酒屋Disney's
ディズニーと歌おう！
夢の国で夢のご飯！
食べ放題！飲み放題
居酒屋Disney's
キレイな店内にわくわくする音楽
それこそ時間を忘れて夢の国で乾杯しているような気持ちになるんじゃね？
みんな答えが同じなんだ
！
ウォルト・ディズニーのアイデアって
すごいなぁって思う

Chapter 5-1

仕組みによって組織を活性化するディズニーの手法とは？

★ディズニーのチーム力は理念の浸透によって生み出される

ディズニーの強みは、なんといってもそのチーム力にあります。このチーム力を生み出すためには、マニュアルで管理された作業である「デューティー」のほかに、本来の仕事である「ミッション」が必要です。

ウォルトは、仕事を「Ｄｕｔｙ（作業）」と「Ｍｉｓｓｉｏｎ（役割）」という2種類に分けて考えていました。

「デューティー」とは、ディズニーランドで言えば、清掃作業や、レストランや店舗、各アトラクションでゲストを案内するといった、「やるべきこと・作業」のことです。これが仕事の6割を占めています。ここまで紹介してきたマニュアルで管理された作業がこれにあたります。

●「デューティー」と「ミッション」の三角形

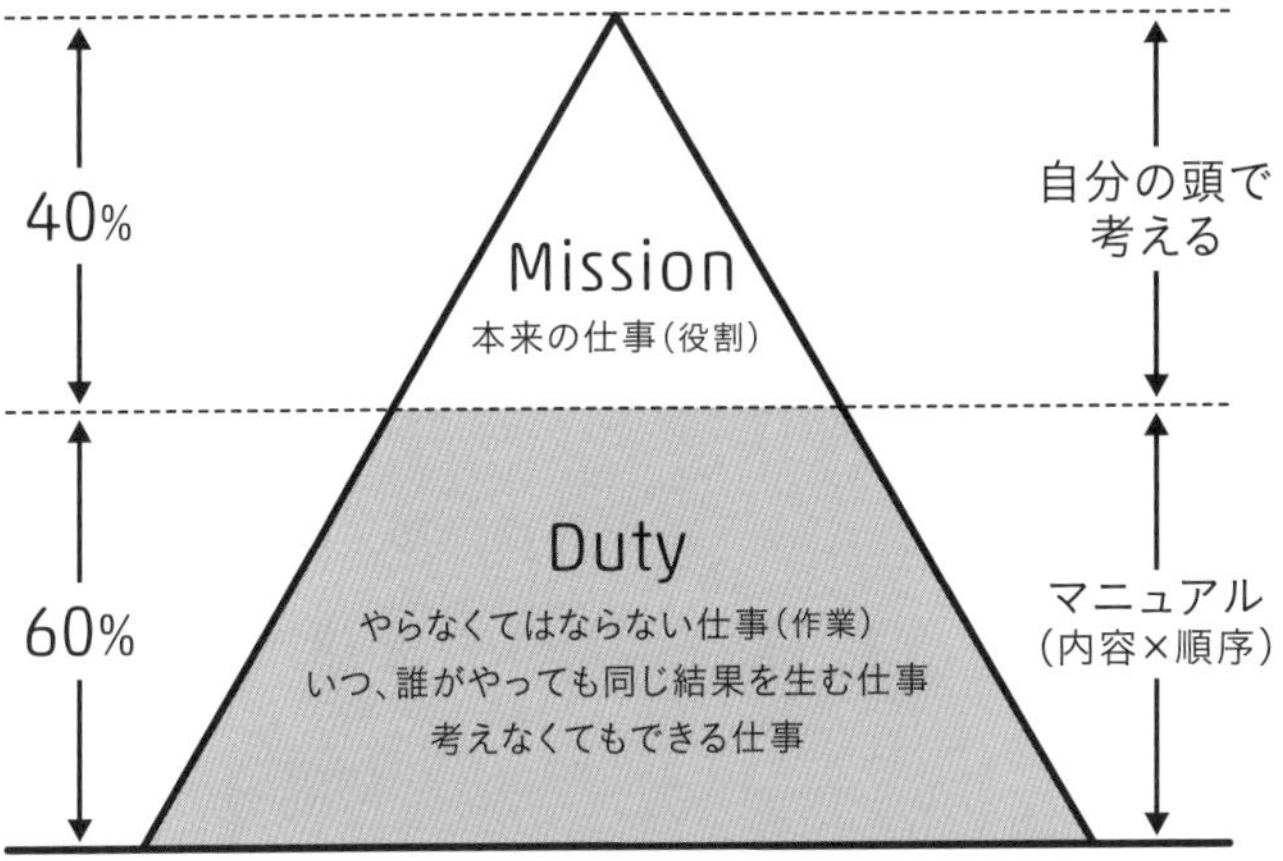
40%
60%
Mission
本来の仕事（役割）
Duty
やらなくてはならない仕事（作業）
いつ、誰がやっても同じ結果を生む仕事
考えなくてもできる仕事
自分の頭で
考える
マニュアル
（内容×順序）

残り4割の「ミッション」とは、ディズニーの理念である「ギブ・ハピネス」＝「ゲストに幸せを提供する」ことを実現するということです。「役割」「仕事の本質」「本来の仕事」などと言い換えてもいいでしょう。

ウォルトは、6割の「デューティー」を実行するだけで、誰もが、「毎日が初演」というこだわりや、「ＳＣＳＥ※（安心・礼儀正しさ・ショー・効率）」という4つの行動基準を実現できる仕組みを作り上げました。その仕組みのひとつがマニュアルです。

ただし、ウォルトはこう言っています。

「マニュアルに記されたことは、働く誰もができてあたり前のもの。デューティーを完璧にこなしたことで『自分は仕事をした』と思ってはいけない」と。つまり、**与えられた作業をこなしただけでは、仕事になっていない**と考えていたのです。

では、ウォルトの考える仕事とは何か。

それは「ミッション」を実現するという役割を担うことです。

ディズニーランドという事業のミッションは「ギブ・ハピネス」にあります。すべてのゲストに幸せを提供すること。ウォルトは本気で世界中の人に幸せを届けたいと考えた人でした。

ウォルトが定義し、求めているミッションとは、働く人たち一人ひとりが常にゲストへ「ギブ・ハピネス」を提供する使命を忘れないこと。やってあたり前の作業（デューティー）の先に、幸せを届けるという役割（ミッション）が待っている。その想いを持って働いてこそ「仕事をした」ということになるのです。

※「安全」と定義されている資料もありますが、ウォルト・ディズニーが残した資料を読み解くと、「安心」が本来の意味。ゲストの不安を取り除き、安らぎを感じる空間を作り出すことを最優先するという意味で、「安全」はそのなかのひとつです。

Chapter
5-2

クロスコミュニケーションとは?

★理念を浸透させるための仕組み

ディズニーランドの「ギブ・ハピネス」というミッションは、一般的な企業の経営理念にあたるものです。

ゲストがいつ訪れても現実を忘れ、幸せな気分になれるのは、キャスト全員に「ギブ・ハピネス」という理念が深く浸透し、それに基づいて接客しているからです。これができていなければ、どんなにマニュアルを充実させても、ゲストを魅了する感動のサービスは生み出せませんし、継続的に業績を伸ばすこともできなかったはずです。

理念と聞くと、組織の下にいけばいくほど、現実から遠く離れた「きれいごと」のように感じる人が多いのが現実です。

逆に、経営層に近づけば近づくほど「理念が浸透しない」「社員が同じ方向を向かない」「組織が活性化しない」という悩みを抱えている人が増えます。

しかし、どんな会社でも理念を浸透させることができなければ、社員が同じ方向を向くことはありませんし、たとえ今業績がよくても、いつかそれを継続するのが困難になります。じつは、ディズニーでは、こういった問題を、「クロスコミュニケーション」という仕組みで解決しています。

★すべての人が本音で語り合う場を作る

クロスコミュニケーションとは、職場に出入りするいろいろな人を半ば強引にコミュニケートさせる手法です。**年齢、性別、職歴、職位、国籍、そういったものをすべて取り払い、クロスさせ、フェイス・トゥ・フェイスのコミュニケーションを交わす時間を作る仕組みです。**

朝礼、終礼などを行っている職場はあると思いますが、毎月の数値目標を確認したり、代表者が短いスピーチをしたり、理念を唱和したり、一方通行でのコミュニケーションが中心ではないでしょうか。

そうした場をクロスコミュニケーションに変えていく。誰かが一方的に話すのではなく、その日にあったうれしかったことなど、ポジティブな話題をグループ内で自由に本音で発言し合う。誰もが「なぜ、この仕事をしているのか？」という本質的なことを、その企業の理念とつなげて話し合うことができれば最高です。

「僕は今日、こういう経験をしました」という話に対して、「同じこと、俺もあるよ」と共感が広がっていき、上司は「現場ではこういうことが起きているのか」と知ることができます。

最初は照れくさく感じているスタッフも、お互いに話し、聞くうちにほぐれていきます。毎日、こうした場と時間を作るのが難しい場合、年に何度か自然とコミュニケーションがクロスする機会を作っていくのがいいでしょう。

ディズニーランドでも、朝礼、終礼などの場で頻繁にクロスコミュニケーショ

エアコンが効いたなかで氷の多い水出すと嫌がるお客様がいるので『氷抜きますか？』と聞いたら喜ばれたんス
まあ毎日1000人くらいくるお客様のうち2、3人はかなり少数派スけど
ありがとう
なるほど確率的には0.2%ほど
確かにちょっと冷えるかもな
自分結構その0.2%に毎日当たるんスよね
マジか
もっと早く言えばいいのに

ンの機会があります。その都度、テーマはありますが、**最終的に深掘りしているのは「ギブ・ハピネス」についてです。**

ゲストにとってのハピネスとは？　そもそもハピネス、幸せってなんだ？　どんなときにギブ・ハピネスできたと感じるか？

何度となくクロスコミュニケーションを行い、繰り返し、ウォルト・ディズニーの掲げた理念を深掘りしていく。すると、一般的にはなかなか浸透しにくい経営理念、事業を行っていく意味といったミッションが、社員一人ひとりのなかに浸透していくのです。それが自分の携わっている仕事の意味や価値を自覚させ、モチベーションを高める原動力となっていきます。

「なぜ、自分はここで働いているのか」という本質をつかみ、目的意識を持って働いている状態になったとき、人は持てる最大限の力を発揮してくれます。

キャストの9割がアルバイトで構成されているディズニーランドが、あそこまでレベルの高い組織力を発揮できるのは、クロスコミュニケーションによってウォルトの理念が、キャストの心のなかに深く浸透しており、全員が同じ方向を向いて仕事をしているからなのです。

Chapter 5-3

理念と創業者について深掘りする

★自分はなんのために働いているのかが明らかになる

さて、このクロスコミュニケーションを取り入れると、どうして現場まで理念が浸透し、組織が活性化するのでしょうか。

ディズニーランドでは、新人研修の時点でウォルトの理念について1日半かけて学びますが、浸透という意味ではまだまだです。

「ギブ・ハピネス」という言葉を本当に自分のものとするためには、現場での先輩からの指導に加え、折々に行われるクロスコミュニケーションが欠かせません。

「カストーディアル部門でのギブ・ハピネスはこうだから、レストルームの掃除の仕方はAからDまでの手順があって、便器はこういうふうに磨き上げるのだ」「商品部でのギブ・ハピネスはこうだから、ミッキーマウスのぬいぐるみの足は必ずクロスさせて陳列するのだ」。こうしたマニュアルに紐づけられたミッションを語り合うなかで、1日半かけて学んだことの真髄が徐々に浸透していくのです。

そして、年齢も職域も性別も異なるキャスト一人ひとりが本音をぶつけ合うことは、「なぜ、あなたがここで働いているのか?」「なぜ、この会社があるのか?」という本質と向かい合う絶好のチャンスにもなるのです。

★ 仕事の本質を理解すれば社員のモチベーションが業績や給与に左右されなくなる

ディズニーランドの研修では、「あなたの役割はなんですか?」（What is your mission?）という問いかけを念頭において行動するよう教え込まれます。

これは、フロリダにあるディズニー本社の研修マニュアルでも最初に出てくる重要なフレーズで、「あなたの会社はなんのためにあるのか?」という問いでもあります。

あなたは、自分の役割、あなたの働く会社が事業を行っている理由、理念を意識して仕事をしている日が1年のうち何日あるでしょうか。

たとえば、コピー機のメーカーは「あなたのビジネスをより効率化します」と宣伝しています。ならば、コピー機の営業マンは本気で「御社のビジネスを効率化したいから、僕はここに来たんです」と言えるはずです。

ところが、たいていの場合、「やばい、今月は売上足んねぇから、今日はあと3件まわんなきゃ」と駆けまわっているのが現実でしょう。そして、1台売れた、リース契約が取れたといった結果によって、やる気や自己評価が上下動していく。

しかし、そのやる気は個人の業績や、それに対する対価である給与に左右されてしまいます。業績や給与が下がればモチベーションも下がってしまうということです。

そこで、「コピー機があなたのビジネスをより効率化します」というミッションの意味を深掘りしてみる。効率化するとはなんだ？　便利になるとはどういうことだ？お客様に対して自分ができることはなんだ？　と。

これを自問自答ではなく、グループでやろうというのがクロスコミュニケーションです。**「なんのため」「誰のため」に働いているかが明確になることで、モチベーションと業績を切り離して考えることができるようになるのです。**

★ 理念を理解するためのヒントは創業者の想い

「クロスコミュニケーションは理念の深掘りの場でもある」と言われて、ピンとこない人もいるのではないでしょうか。

それは、理念と実際の業務がかけ離れているからかもしれません。その結果、どうも理念として掲げられた言葉が絵空事のように思えたり、きれい事を言っているだけにすぎないと感じてしまう。その感覚は私にもよくわかります。

また、会社の経営理念は、抽象的なものも多く、その裏にどんなメッセージが隠されているのかがわかりづらい場合もあります。

私自身も、オリエンタルランドに入社したばかりのころ、同じことを感じていました。そんななかでふと思いついたのが、「ギブ・ハピネス」と言い出した張本人、ウォルト・ディズニーという人のことを調べよう、というアイデアでした。

そこで、私は社内でウォルト・ディズニーの研究サークルを立ち上げ、参加したキャストみんなでディズニーの秘蔵映画を鑑賞したり、ウォルトが書いた冊子を読んだり、アメリカのディズニーのマニュアルを分析したりと、理解を深めていきました。

また、参加したキャストが仕事中の体験談を語り合うクロスコミュニケーションも実施。当時はそれがクロスコミュニケーションだという自覚はありませんでしたが、予定時間を超え、社員寮に集まって徹夜で話すようなこともたびたびありました。

「与えることは最高の喜びなのだ。他人に喜びを運ぶ人は、それによって自分自身の喜びと満足を得る」。

「科学技術が進めば進むほど、人々は孤独になり分離する。私は人々が互いに感動し、心がひとつになる場所を作りたいのだ」。

なぜ、ディズニーランドを作ったのかという根幹にかかわるこうした言葉をはじめ、ウォルトの考えは、どれだけ勉強してもしきれないほどの深みを持っていました。そして、創業者であるウォルトに興味を持つ仲間は多く、研究サークルは回を重ねるごとに参加人数が増え、ときにはオリエンタルランドの役員やアメリカのディズニー本社から出向している責任者まで顔を出すようになっていったのです。

この経験から言えることは、**クロスコミュニケーションのテーマとして創業者を選ぶのは、理念の浸透に非常に効果的だということです。**

創業者とは、世の中に何もなかったところに、今私たちが働いている会社を作り上げた人。そこには必ず、なんらかの想いや理由があったはずです。

彼や彼女が何を追い求めて事業を始めたのか。創業者の原点を知ることは、会社の原点を知ることであり、理念の本当の意味を理解することでもあるのです。

そして、参加した一人ひとりは、理念を深掘りするなかで、自分の担うべき役割について再認識していくのです。

創業者の人生には、あなたが仕事をするうえで指針となるヒントが埋まっています。

Chapter 5-4

クロスコミュニケーションを職場に導入するには？

★コミュニケーションの場はこうして整える

ここでは、クロスコミュニケーションを行ううえでの、準備について説明します。

【参加者】

クロスコミュニケーションにおける場作りの大前提は、参加者をクロスさせること。年齢、性別、職位、部署など、あらゆる立場をシャッフルし、クロスさせながらいくつかのグループを作っていきます。

可能であれば、経営層の人間も加えていただきたいものです。彼らが現場の生の意見に触れる場は思いのほか少ないもの。ディズニーランドでは本部の人間が、キャストをもてなす「キャスト感謝デー」などが、経営層を交えたクロスコミュニケーションの場として機能していました。

【ファシリテーターを選ぶ】

また、クロスコミュニケーションでは必ず、議事進行を担う司会者的な存在（ファシリテーター）を置きます。会社でのクロスコミュニケーションの場合、どうしても職位によって発言に遠慮が生じてしまいがちですから、ここはファシリテーターが自信を持って自由に語り合う場であることを説明しましょう。

ファシリテーターが注意すべき点は、常にポジティブな議論を目指すこと、参加者から「わかる、わかる」という共感を引き出すこと、自分語りは避け、無理に結論を出そうとしないことです。

【グループを作る】

続いて、各グループの人数ですが、奇数の組み合わせが望ましく、1チームにつき5人が適正です。なぜ、奇数がいいかと言うと、意見が二分されないからです。

【会場の設営】

会場の設えは、テーブルは取り払い、床に車座、ないしは椅子を円形に並べて全員の顔が見える状態を作ることをおすすめしています。また、メモやホワイトボードなども用意せず、各々が自分の頭のなかの知識と感情をベースに語り合いましょう。

【テーマの設定】

理念の深掘りと言っても難しく考えることはありません。仕事の本質、理念につながるテーマというのは、案外、日常的な問いかけによって掘り起こすことができるものです。普遍的かつ前向きなテーマ設定を心がけましょう。

たとえば、「仕事を通じてうれしかったことは?」という質問をテーマにしてもいいでしょう。これを各グループで、全員に1エピソードずつ披露してもらいます。

「あのとき、こんな対応をしたら、お客様がすごく喜んでくれてうれしかった」「手が空いた時間に、古くなっていた社内の内線番号の名簿を作り直して部内で配ったら、みんなから感謝されて、うれしかった」。現場に根差したいい話がいろいろ出てくればしめたもの。次の質問で「そもそもうれしいってなんですか?」「楽しいとうれしいって一緒かな?」と突っ込んでいけば、本質に迫る深掘りが進んでいきます。

重要なのは正解を出すのが目的ではないということ。小さく話をまとめるのではなく、各々が自分の言葉でテーマについて語り、考えを深めていくように心がけます。

また、「会社の問題点を洗い出す」といったネガティブなテーマは避けましょう。

Chapter

5

まとめ

★ディズニーでは、仕事を「ミッション（役割）」と「デューティー（作業）」の２つに分けて考えている。

★クロスコミュニケーションで、理念を浸透させ「自分はなんのために仕事をしているのか」ということをスタッフ全員が理解すると、組織力は向上する。

★クロスコミュニケーションでは、立場を超えて、本音で話し合う場所を作ることが大切。

★創業者について理解を深めることが、理念に込められた意味を理解するための近道である。

★クロスコミュニケーションの目的は、答えを出すことではなく、「わかる、わかる」という共感を引き出すこと。

★前向きなテーマを設定し、ネガティブな議論にならないよう注意する。

maic
マイク
coffee nine
ワイ
ワイ
キョロ
キョロ
編集長ォ
おやっときたか
早くいくぞ
最近じゃ昼時に30分待ちなんてザラなんだから
今日も2人前食べるんですか？
ったりめーだろ
タタタ
すいませーん別件の取材長引いちゃって
おもしろいよな
『スゴうまオムライスを週3日2人前食べ続けた結果』
って内容の記事を書くつもりだったのに

『この店舗はスタッフ個々のホスピタリティがオムライスを激うまに変える』
ーって記事にしたら
食いログランキングで3週連続1位だからな
Forest's Drink & Restaurant
季節のオムライス
ワイワイ
ザワザワ
キュッ
いらっしゃいませ！
あ 時間だ
タタタ
トイレ掃除トイレ掃除
やッ やッ やッ
キュッ

先輩 エアコンが 寒いと お客様が
わかった 室温を 上げてくる
ありがとう
グッジョブ
料理を通じて お客様に 最高の幸せと 笑顔を 提供する
今日の クロス コミュニケーションを しよう
え?! オレが 店長に

ぜひ武田くんにお願いしたい
目と鼻の先にジョニーズレストランだと!?
Johnny's Restaurant
当ビル1F↓
俺が店長になったとたんかよ
店長になったとたん人格変わりましたね？
くっそできることはしたが全部不発だ
どうすりゃいいんだよ……
もっと気合を入れろ
お前らにプロ意識はあるのか？

おひさー
この店舗をパワーアップさせる裏ワザを持ってきました
ありがとよ伊東
おかげで

下
町周辺
P
おかげで
業績が完全に
戻った
ガッ
パァァァ
私頑張りました社長！
一時は撤退も考えたが
持ち直すどころか以前より店舗のファンが増えたようだ！
私の頑張りでしょうか社長！

よく頑張ってくれた伊東ちゃん
伊東でお願いします
大いなる感謝の気持ちを込めて
ドキ
はい
あ わかった。
ドキ
ドキドキ
しょうしん…
君には
この調子で
残り49店舗も頼む
ドガ
—49店舗も続けろと？

社長
秋山作最強マニュアルを各店舗に一括送付すれば
ファミリーレストラン
Forest's
スタッフ
最強マニュアル
さぁ行こう
秋山さん!
1回目はたまたま成功しただけです社長!
最強マニュアル送付……
我々は次も成功する
新入社員におもしろいのがいるだと?
ええこの履歴書をごらんください
志望動機
社長になってフォレストの店舗を
全国500店舗まで増やし，フォレ
オムライスの味を日本中に広げたい
ます。
2013年10月12日現在
印
いとう
伊東さやか
男・女
50店舗すべて成功したら
考えてやろうじゃないか

ブロロ
回る店舗の順番は決めてある
2回戦の準備はいいかね
はあ……
さて
お手並み拝見といこうかな
ブロロロロ
この調子で都内近郊50店舗全部パワーアップさせて回るぞ
覚悟はいいな伊東ピョン
ピョンはやめてください
だめだ我々の団結に愛称は欠かせない
そんなに団結しましたうちら？

おわりに

最後までお読みいただき、ありがとうございました。

私は、リーダーにとって最も大切な仕事は、「組織やチームが進む方向性を明確にすること」、そして、部下に「自分は役に立っている」「他人に認められている」「自分の居場所はここだ」ということを実感させることだと考えています。

本書で紹介した、ディズニー流の仕組みは、そのためにあると言っても過言ではありません。これが達成できれば、あなたの率いるチーム、組織のスタッフは、ディズニーランドのキャストのように、自ら動き、考え、いきいき働くようになります。

最後に、本書でお伝えした仕組みの数々は、ディズニーランドだからできるのではありません。どんな組織、チームにも使えるものです。

本書の内容を、あなたの仕事に役立てていただければ、これほどうれしいことはありません。

大住　力

【著者紹介】
大住 力（おおすみ・りき）
◉――1965年生まれ。「ソコリキ教育研究所」所長。公益社団法人「難病の子どもとその家族へ夢を」代表。
◉――大学卒業後、1990年株式会社オリエンタルランド入社。ディズニーフィロソフィーがいちばん浸透しているといわれる、ゼネラルサービス部カストーディアル課に配属される。1993年、新パーク事業部に異動。「東京ディズニーシー」「イクスピアリ」など、ビッグプロジェクトの立ち上げや運営、マネジメントに携わる。その後、人材教育、経営企画など、20年間ディズニーランドの最前線から中枢までさまざまな仕事を経験し、本書のテーマである、ディズニーランドを動かす仕組みの数々を学ぶ。また、社内で「ウォルト・ディズニー研究会」を立ち上げ、現場スタッフのモチベーションアップや、ディズニー哲学の浸透に尽力する。
◉――2009年同社を退社。「ディズニーのやり方は、あらゆる企業や人に活用できる。けっして特別なものではない」という理念のもと、コンサルティングや人材教育を行うために、2012年「ソコリキ教育研究所」を設立。大手企業から中小企業、学校、病院など150社以上に、ディズニー流のマニュアルや仕組みを導入するためのコンサルティングや、マネジメント、ホスピタリティ、コミュニケーション、組織活性、理念浸透などをテーマとした研修や講演を提供。その活動が注目され、ハウステンボス株式会社の再生事業に顧問として参画。富山大学、東京家政大学では非常勤講師を務めるなど幅広く活躍している。
◉――一方、公益社団法人「難病の子どもとその家族へ夢を」の代表理事も務め、難病と闘う子どもとその家族への支援にも力を注いでいる。
◉――著書に『ディズニーの現場力』『ディズニーの最強マニュアル』（ともに小社）、『一生の仕事が見つかるディズニーの教え』（日経ＢＰ社）などがある。

［著者連絡先］info@sokoriki.jp

マンガでよくわかる　ディズニーのすごい仕組《しく》み〈検印廃止〉

2015年６月15日　第１刷発行
2015年７月28日　第４刷発行

著　者――大住　力©
発行者――齊藤　龍男
発行所――株式会社かんき出版
東京都千代田区麴町4-1-4 西脇ビル　〒102-0083
電話　営業部：03(3262)8011㈹　編集部：03(3262)8012㈹
FAX　03(3234)4421　振替　00100-2-62304
http://www.kanki-pub.co.jp/

印刷所――ベクトル印刷株式会社

　ISBN978-4-7612-7099-5 C0034